プリント形式のリアル過去問で本番の臨場感！

奈良県

奈良女子大学附属中等教育学校

2025年春受験用

解答集

本書は，実物をなるべくそのままに，プリント形式で年度ごとに収録しています。
問題用紙を教科別に分けて使うことができるので，本番さながらの演習ができます。

■ 収録内容

・解答集（この冊子です）

書籍ＩＤ番号，この問題集の使い方，最新年度実物データ，リアル過去問の活用，
解答例と解説，ご使用にあたってのお願い・ご注意，お問い合わせ

・2024（令和６）年度 ～ 2019（平成31）年度　学力検査問題

JN132402

○は収録あり

年度	'24	'23	'22	'21	'20	'19
■ 問題（入学適性検査）	○	○	○	○	○	○
■ 解答用紙	○	○	○	○	○	○
■ 配点						

全分野に解説があります

注）問題文等非掲載：2021年度表現Ⅰの[二]

問題文の非掲載につきまして

著作権上の都合により，本書に収録している過去入試問題の本文の一部を掲載しておりません。ご不便をおかけし，誠に申し訳ございません。

教英出版

■ 書籍ＩＤ番号

入試に役立つダウンロード付録や学校情報などを随時更新して掲載しています。
教英出版ウェブサイトの「ご購入者様のページ」画面で，書籍ＩＤ番号を入力してご利用ください。

書籍ＩＤ番号　101126

（有効期限：2025年9月30日まで）

【入試に役立つダウンロード付録】
「要点のまとめ（国語／算数）」
「課題作文演習」ほか

■ この問題集の使い方

年度ごとにプリント形式で収録しています。針を外して教科ごとに分けて使用します。①片側，②中央のどちらかでとじてありますので，下図を参考に，問題用紙と解答用紙に分けて準備をしましょう（解答用紙がない場合もあります）。

針を外すときは，けがをしないように十分注意してください。また，針を外すと紛失しやすくなりますので気をつけましょう。

① 片側でとじてあるもの

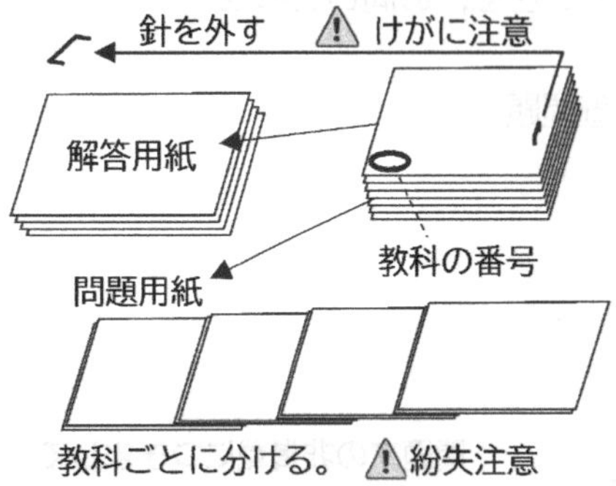

② 中央でとじてあるもの

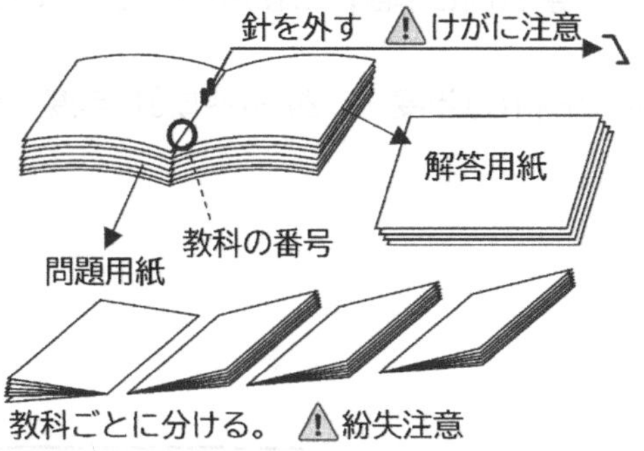

※教科数が上図と異なる場合があります。
解答用紙がない場合や，問題と一体になっている場合があります。
教科の番号は，教科ごとに分けるときの参考にしてください。

■ 最新年度 実物データ

実物をなるべくそのままに編集していますが，収録の都合上，実際の試験問題とは異なる場合があります。実物のサイズ，様式は右表で確認してください。

問題用紙	Ｂ４プリント
解答用紙	Ｂ４プリント

リアル過去問の活用

～リアル過去問なら入試本番で力を発揮することができる～

本番を体験しよう！

問題用紙の形式（縦向き / 横向き），問題の配置や余白など，実物に近い紙面構成なので本番の臨場感が味わえます。まずはパラパラとめくって眺めてみてください。「これが志望校の入試問題なんだ！」と思えば入試に向けて気持ちが高まることでしょう。

入試を知ろう！

同じ教科の過去数年分の問題紙面を並べて，見比べてみましょう。

① 問題の量

毎年同じ大問数か，年によって違うのか，また全体の問題量はどのくらいか知っておきましょう。どのくらいのスピードで解けば時間内に終わるのか，大問ひとつにかけられる時間を計算してみましょう。

② 出題分野

よく出題されている分野とそうでない分野を見つけましょう。同じような問題が過去にも出題されていることに気がつくはずです。

③ 出題順序

得意な分野が毎年同じ大問番号で出題されていると分かれば，本番で取りこぼさないように先回りして解答することができるでしょう。

④ 解答方法

記述式か選択式か（マークシートか），見ておきましょう。記述式なら，単位まで書く必要があるかどうか，文字数はどのくらいかなど，細かいところまでチェックしておきましょう。計算過程を書く必要があるかどうかも重要です。

⑤ 問題の難易度

必ず正解したい基本問題，条件や指示の読み間違いといったケアレスミスに気をつけたい問題，後回しにしたほうがいい問題などをチェックしておきましょう。

問題を解こう！

志望校の入試傾向をつかんだら，問題を何度も解いていきましょう。ほかにも問題文の独特な言いまわしや，その学校独自の答え方を発見できることもあるでしょう。オリンピックや環境問題など，話題になった出来事を毎年出題する学校だと分かれば，日頃のニュースの見かたも変わってきます。

こうして志望校の入試傾向を知り対策を立てることこそが，過去問を解く最大の理由なのです。

実力を知ろう！

過去問を解くにあたって，得点はそれほど重要ではありません。大切なのは，志望校の過去問演習を通して，苦手な教科，苦手な分野を知ることです。苦手な教科，分野が分かったら，教科書や参考書に戻って重点的に学習する時間をつくりましょう。今の自分の実力を知れば，入試本番までの勉強の道すじが見えてきます。

試験に慣れよう！

入試では時間配分も重要です。本番で時間が足りなくなってあわてないように，リアル過去問で実戦演習をして，時間配分や出題パターンに慣れておきましょう。教科ごとに気持ちを切り替える練習もしておきましょう。

心を整えよう！

入試は誰でも緊張するものです。入試前日になったら，演習をやり尽くしたリアル過去問の表紙を眺めてみましょう。問題の内容を見る必要はもうありません。どんな形式だったかな？受験番号や氏名はどこに書くのかな？…ほんの少し見ておくだけでも，志望校の入試に向けて心の準備が整うことでしょう。

そして入試本番では，見慣れた問題紙面が緊張した心を落ち着かせてくれるはずです。

※まれに入試形式を変更する学校もありますが，条件はほかの受験生も同じです。心を整えてあせらずに問題に取りかかりましょう。

《解答例》

[一] 問一．時代…平安時代　説明…かな文字を使うことで、日本語を自由に表現できるようになり、『源氏物語』などの作品が生まれた。／心の表現などができるようになり、『枕草子』などの随筆が書かれた。などから１つ
問二．この年沖縄はアメリカから日本に返還されたため、ドルから円に通貨を交換するために列に並んでいる。
問三．それまでのアイヌの人々は、シカ狩りやサケ漁などをして生活していたが、明治政府によって禁止され、土地や漁場を失っていった。　問四．(1)信教の自由を基本的人権として守る必要があるから。　(2)この女性が宗教上の理由でベールをかぶって働くことを認める。／礼拝のための時間を認める。／断食の期間の勤務時間を短くする配慮をする。などから１つ　問五．(1)イ　(2)(小麦の例文)食料自給率が低くなることで、輸入ができなくなったとき、食料の安定的確保ができない可能性がある。　(原油の例文)国際情勢の変動により、電気代や輸送費などが高騰する可能性がある。

[二] 問一．a．武器　b．防　c．焼　d．礼　e．負　問二．四つの森　問三．岩手山の頂上に雪が積もっている様子。　問四．こどもを返してくれと言われてびっくりしたから。／こどもたちがわあと泣き出したから。　問五．ア．農具がすべてなくなった　イ．ざるの下にある農具と座っている山男を見つけた　ウ．山男が粟もちを食べたかったから　エ．小屋の中の粟がすべてなくなった　オ．自分で粟もちをこさえて見たくてたまらなかったから　問六．森は人々に住む場所や資材を提供し、人々はそのお返しに粟もちをおくることで、おたがいにつきあっていったから。

[三] 問一．複数の情報源で確かめた方が良いと思います。　問二．田畑にゴミを捨てないようにすることと、山間地に人が住むような方法を考えたらよいと思います。

《解　説》

[一]

問一　遣唐使が停止された後の10世紀以降，それまでに取り入れた中国の文化を自由につくりかえ，日本の風土や生活に合った文化を発達させていった。日本語を音声どおりに表現するかな文字がつくられ，それまでの漢文とは異なり，人々は自分の考えや感情を，より自由に書き表せるようになった。紀貫之は紀行文『土佐日記』，紫式部は長編小説『源氏物語』，清少納言は随筆『枕草子』などを著した。

問二　サンフランシスコ平和条約の締結後もアメリカによる沖縄統治は続いていたが，佐藤栄作首相のとき，沖縄返還協定に調印し，1972年５月，本土復帰が実現した。通貨はドルから円に，自動車は右側通行から左側通行になったが，米軍基地の多くがそのまま残された。

問三　明治政府による同化政策の内容が書かれていればよい。政府は，アイヌ古来の狩りの方法をはじめ，独特の風俗や習慣を禁止し，日本語の使用や日本式の姓名を名のることを強制した。土地所有の考えがなかったアイヌの人々の土地を，持ち主のない土地として没収し，国有とした。その後，北海道旧土人保護法が制定され，農業を条件とした土地の給与が行われたが，農業に適した土地の多くは和人(本州からの開拓民)にすでに割り当てられた後であり，また，アイヌの人々への差別は消えなかった。

問四(1)　日本国憲法の三大原則の１つである基本的人権を保障するために，信教の自由(精神の自由)は守られなけ

ればならない。 (2) イスラム教には，豚肉を食べない・アルコールを口にしない・正しく処理されていない肉は口にしない・１日５回メッカに向かって礼拝をするなど，多くの戒律がある。

問五(1) イ　　アはスマートフォン，ウは原油。 (2) 海外に依存していることで，安定供給ができないことや，国際価格の上昇によって，小麦や原油に関連する商品が値上がりすることなどを書けばよい。1973 年に起きた第１次石油危機もその１つの例である。

［二］

問二　直前の「しまいに，いまの四つの森ができました。けれども森にはまだ名前もなく，めいめい勝手に」より，「四つの森」が――線部１の主語。

問三　前の行より，季節は「秋」。「水のようにつめたいすきとおる風」という表現から，すでに気温が低いこともわかる。岩手山は高いので，すでに雪が積もっているのである。「銀」は雪が白く降り積もっている様子，「かんむり」は頭にかぶっている様子を表現している。

問四　狼《おおかみ》はこどもたちに栗《くり》や茸《きのこ》などを食べさせ，火のまわりで歌を歌って踊《おど》り，楽しんでいたが，人間たちに「こどもら返してけろ」と言われ，こどもたちも「わあと泣き出し」てしまったので，困ってしまった。

問五ア　――線部３のあとの，「仕事に出ようとして農具をさがしますと，どこの家にも山刀《なた》も三本鍬《さんぼんくわ》も唐鍬《とうぐわ》も一つもありませんでした」を参照。　**イ**　「西の方の笊森《ざるもり》に行きました。そしてだんだん森の奥へ入って行きますと～木の枝であんだ大きな笊がふせてありました」「それをあけて見ますと，中には無くなった農具が九つとも，ちゃんとはいっていました。それどころではなく，まんなかには～山男が～座っていました」を参照。

ウ　笊の中に座っていた山男に「これからいたずら止めてけろよ」と言うと，山男は「おらさも粟《あわ》もち持って来てけろよ」とさけんだ。　**エ**　本文後半の「ある霜《しも》の一面に置いた朝，納屋のなかの粟が，みんな無くなっていました」を参照。その後，粟をさがして黒坂森《くろさかもり》を通り，盗森《ぬすともり》へたどりつくと，岩手山から「盗人はたしかに盗森に相違《そうい》ない」という言葉を得た。　**オ**　岩手山の「いったい盗森は，じぶんで粟もちをこさえて見たくてたまらなかったのだ。それで粟も盗《ぬす》んで来たのだ」という言葉を参照。

問六　人間は森を一方的に開発するのではなく，森の許しを得て家を建てたり，森に入ったりした。また森も，人間をこばむわけではなく受け入れた。そして，人間は森で様々なことが起こると，森に粟もちをあげた。このような，双方《そうほう》の許容や気づかいがあったから，「仲良し」になれたのである。

［三］

問一　メディアの情報をうのみにせず，批判的に分析評価したり，読み解き活用したりすることを，メディアリテラシーという。

問二　資料中の「人里にクマが出没するのはなぜ？」の理由に，「山間地に人が住まなくなりクマの生息地が広がった」「生ごみや野菜，果実などが田畑に放置されてクマを引きよせている」とあることから考える。

《解答例》

［1］ ⑴風船は縮む。理由は後玉が押されたことによって筒内の空気が縮み，ゴム風船内の空気も縮むからである。
⑵霧ができたということは，空気中の水蒸気が液体の水になったということなので，温度が下がったと言える。
⑶容器内の気体には外の空気よりも多くの二酸化炭素が入っているため，図２でいうところの，空気が縮んでいる状態である。この状態からふたを開けると，図１でいうところの前玉が出た状態となるため，空気の温度が下がり，霧ができる。

［2］ ⑴ウ　⑵太陽がのぼっている時間を12時間，太陽がのぼっているときの角度を180度としたときに，１時間あたりの太陽の変化する角度は180°÷12時間＝15°だから，かげの１時間の変化する角度も同じと考えられるため。
⑶朝から正午に太陽はななめから真上へと変わっていくので，かげの変化は大きくなる。しかし，夕方には太陽の光がななめから射すので，時間がたってもかげの変化は小さいから。

※［3］ ⑴25.12m　⑵3174.88㎡

［4］ ⑴右図　⑵右図　⑶垂直に交わっている。
〔別解〕直交している。

［4］⑴の図

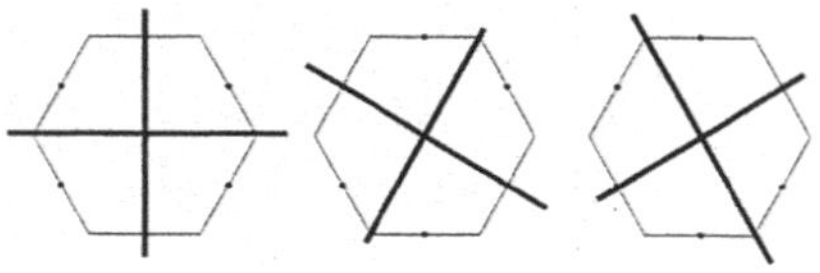

［4］⑵の図

［5］ ⑴右図　⑵①49　②１，９，25，49，…は，正方形のマスの数と同じである。１辺が１，３，５，７，…マスなので，この数の並びは，１×１，３×３，５×５，７×７，…とA×Aの形をしている。この数の約数は，１，A，A×Aと３つ以上の約数がある。つまり素数でないので，○印をつけない。また，１は約数が１個なので，素数でない。つまり○印をつけない。

⑰	16	15	14	⑬
18	⑤	4	③	12
⑲	6	1	②	⑪
20	⑦	8	9	10
21	22	㉓	24	25

［5］⑴の図

※［6］ ⑴毎秒0.5㎝　⑵２㎝　⑶6.4秒後，21.2秒後

※の式または説明は解説を参照してください。

《解　説》

［1］

⑴　前玉が飛ばないようにして後玉を押《お》すと，筒《つつ》の中の空気が押し縮められる。これにより，筒の中の空気の圧力(気圧)が大きくなるので，風船にかかる圧力が大きくなり，風船は縮む。

⑵　霧《きり》は，空気中の水蒸気が水てきに変化して目に見えるようになったものである。水蒸気が水てきに変化するのは温度が下がるときである。

⑶　気体は押し縮められるときには温度が上がり，引きのばされるときには温度が下がる。空気でっぽうで前玉が出ていくときや，炭酸飲料が入った容器のふたを開けるときは，押し縮められていた気体が引きのばされることになるので，温度が下がる。

［2］

⑴　太陽は東の地平線からのぼり，南の空で最も高くなった後，西の地平線にしずむ。また，棒のかげは太陽がある方向と反対方向にできる。よって，太陽が東→南→西と動くとき，棒のかげは西→北→東と動くから，最も西よりのウが午前８時の棒のかげである。なお，アは午後４時，イは正午の棒のかげである。また，太陽が高い位置にあるときほど棒のかげの長さは短くなる。

(2)　1日は24時間であり，太陽が24時間で動く角度を360度としたとき，1時間あたりの太陽の変化する角度は360÷24＝15(度)と考えることもできる。

［3］

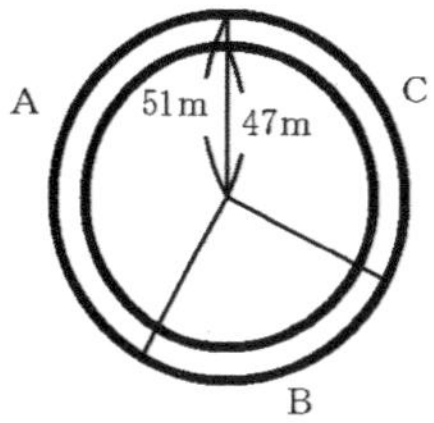

(1)　A，B，Cの部分をつなげると右図のように，半径51mの円から，同じ中心で半径47mの円を除いた形になる。長方形の部分は外側と内側の線の長さが変わらないので，求める長さは半径51mの円の円周の長さと，半径47mの円の円周の長さの差だから，51×2×3.14−47×2×3.14＝25.12(m)である。

(2)　(1)の解説をふまえる。A，B，Cの部分の面積は半径51mの円の面積から，半径47mの円の面積を引いた差だから，51×51×3.14−47×47×3.14＝1230.88(㎡)

A，B，Cの部分にある点線の長さの和は，半径51−1＝50(m)の円周の長さに等しく50×2×3.14＝314(m)となるので，ア，イ，ウの部分にある点線の長さの和は800−314＝486(m)である。コースの幅《はば》は51−47＝4(m)だから，ア，イ，ウの部分をつなげた面積は縦，横の長さがそれぞれ4m，486mの長方形の面積に等しく4×486＝1944(㎡)である。

したがって，求める面積は1230.88＋1944＝3174.88(㎡)

［4］

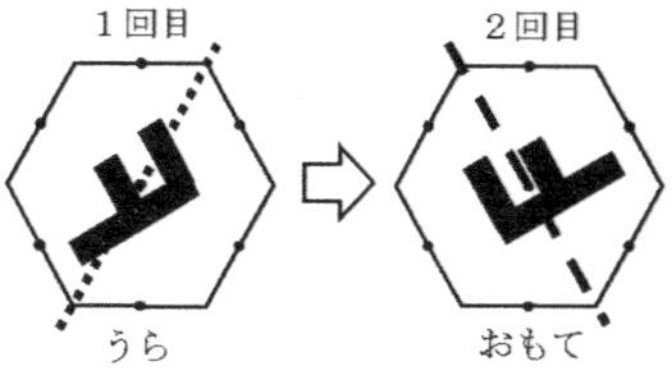

(1)　うらから透《す》けて見えるとすると，1回目，2回目の操作の後，Fの向きはそれぞれ右図のようになる。

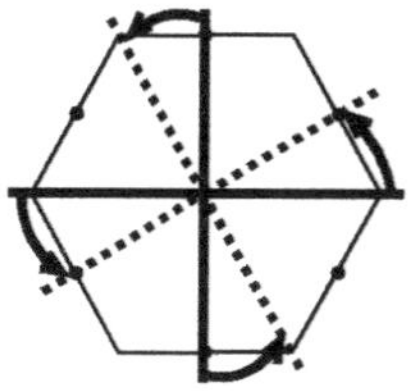

(2)(3)　2回の操作のあと，Fは180°回転移動をした。つまり，正六角形の中心について，点対称に移動した。線対称の移動を2回行って，180°回転したのと同じ向きになるためには，右図のように2本の対称の軸が垂直に交わるようにすればよい。この2本の対称の軸が垂直に交わったまま矢印のように回転させても，2回の線対称移動を行った後のFの向きは正六角形の中心について点対称移動したのと同じ結果になるので，解答例のようになる。

［5］

(1)　素数の2個の約数は1とその数自身になる。1から25までの整数のうち，素数であるものは2，3，5，7，11，13，17，19，23の9個である。

(2)①　1＝1×1，9＝3×3，25＝5×5だから，1のマスから右下に並んだ数は，1から連続する奇数を2回かけた数になっている。よって，25の右下の数は7×7＝49である。

②　(1)，(2)①の解説をふまえる。例えば25であれば，約数に1，5，25と3個の約数を持つことになる。

［6］

(1)　イが重なり始めてから10秒後，イのすべての部分がアに重なった。よって，イは10秒間で5㎝だけ動いたことになるので，動く速さは，5÷10＝0.5より，秒速0.5㎝である。

(2)　イの面積はグラフの最大値だから，21㎠である。1辺の長さが5㎝の正方形の面積は5×5＝25(㎠)だから，切り取った小さな正方形の面積は25−21＝4(㎠)となるので，4＝2×2より，小さな正方形の1辺の長さは2㎝である。

(3) グラフより，アとイの重なる部分の面積が 12 ㎠になるのは２回ある。
イを図１のように，縦の長さが５㎝，横の長さが５－２＝３（㎝）の長方形①と，縦の長さが５－２＝３（㎝），横の長さが２㎝の長方形②に分けて考える。
１回目に重なった部分の面積が 12 ㎠になるのは，図２の色つき部分の面積が 12 ㎠になる場合である。②の面積は３×２＝６（㎠）だから，アと①の重なっている部分の面積は 12－６＝６（㎠）となるので，縦の長さが５㎝，横の長さが６÷５＝1.2（㎝）の長方形である。よって，１回目はイが動き始めてから（２＋1.2）÷0.5＝6.4（秒後）である。
２回目に重なった部分の面積が 12 ㎠になるのは，図３の色つき部分の面積が 12 ㎠になる場合である。このとき，アと①の重なっている部分の面積が 12 ㎠だから，縦の長さが５㎝，横の長さが 12÷５＝2.4（㎝）の長方形である。よって，20 秒後に②とアの重なっている部分がなくなってから，イが３－2.4＝0.6（㎝）だけ動いたときの時間を求めればよいので，２回目はイが動き始めてから 20＋0.6÷0.5＝21.2（秒後）である。

図１
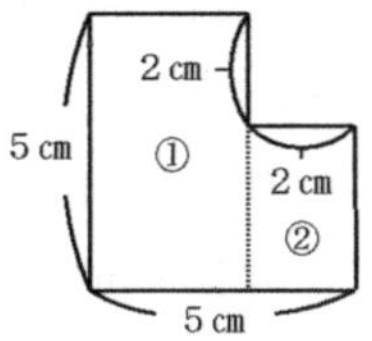

図２
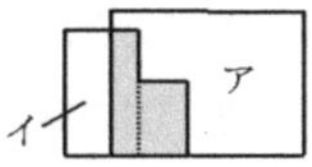

図３
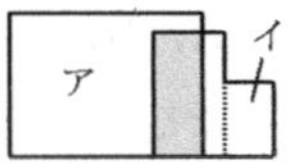

《解答例》

[一] 問一．(例文)平和維持活動として国連が紛争地域に介入し、紛争解決を支援している。　問二．(例文)農民たちは自治組織である惣をつくってまとまり、徳政などを求めて一揆を結んだり、農業において、二毛作や品種改良を行ったり、下肥などの肥料を使ったりして生産性を向上させた。　問三．(例文)八幡製鉄所を中心として鉄鋼生産が始まり、造船技術なども向上して、第一次世界大戦の頃には戦争に必要な船舶や鉄鋼の輸出量が増え、重化学工業が大きく発展した。　問四．「危機」…二酸化炭素の排出量が増え、地球温暖化が進んだこと。取り組み…二酸化炭素を排出しない電気自動車の生産。　問五．(例文)非正社員として働く親が増えたことで、収入が不安定になってこどもに十分な食事を与えられなかったり、共働きであれば、いそがしくてこどもを世話する時間が取れなくなったりしている家庭が増えているから。

[二] 問一．a．永遠　b．想像　c．捨　d．鼻先　e．胸　問二．だれもが自分の目でしか見られないため、おたがいにどう見えているかはわからないから。　問三．自分がおもしろいと感じた発見を、ギンコちゃんも理解し、おもしろいと言ってくれたから。　問四．おたがいに「おもしろい」と言いあっても、本当はわかりあっていないかもしれないと思ったから。　問五．再びクロエと話しているところを、クロエの悪口を言っていたほかの鯉たちに見られたら、ギンコちゃんがこまると考えたから。　問六．同じ言葉だけではわからないから、もっとわかりあいたくなるのではないかということ。

[三] 問一．若い世代は、うなずきやあいづちの回数を増やすという工夫をした人が多く、40 代より上の世代は、発音や発声をはっきりとして話すという工夫をしている人が多い。　問二．(例文)マスクを着けていると、マスクがないときと比べて声がこもりやすくなり、言葉が伝わりづらくなる。この問題を解決するために、ゆっくり話すとともに、自分の言葉が伝わっているかどうか、相手の反応を見ながら話すことを心がけたい。

《解　説》

[1]

問一　解答例では，資料の１つ目の項目に関連する活動として，国連平和維持活動(ＰＫＯ)を取り上げた。解答例以外に安全保障理事会を取り上げてもよい。また，その他の項目については，ユネスコなどの各機関の活動を取り上げてもよい。

問二　中世の農民たちの工夫についてなので，一揆などの組織の形成や農業技術の発展と関連付けよう。

問三　日清戦争が始まった 19 世紀後半から，日本の工業は，軽工業だけでなく重工業も発展していった。下関条約で得た賠償金の一部を使って建設された官営八幡製鉄所が稼働し始めたのは 1901 年のことである。特に，第一次世界大戦頃には，戦争に必要な鉄鋼や船舶などの輸出が増加したことによって，重工業が急激に発展したことを必ず盛り込みたい。

問四　モータリゼーションの発達は，地球温暖化を促進する温室効果ガス(二酸化炭素)を増加させた。現在，日本だけでなく，アメリカやＥＵを中心として，ガソリン車をやめてハイブリッド車(ＨＶ)や電気自動車(ＥＶ)に切り替える取り組みが行われている。

問五　現在の日本の子どもの貧困率は高く，７人に１人が貧困状態にあると言われている。資料を見ると，正社員の数はほとんど変化していないのに，非正社員の数が増え，働く人全体に占める非正社員の割合も増えていることがわかる。非正社員は雇用や収入が安定していないこと，非正社員の親が増えると子どもへの十分なケアができなくなる危険性があることなどを関連付けよう。

［二］

問二　クロエが――線部１のように考えた理由が，直前の２行に書かれている。たとえば，「空の青」は「だれでも自分の目でしか見られない」。したがって「おたがいに(「空の青」が)どう見えているかは，わからない」。だから，「青」と「同じ言葉でよんで」いても，見えている色はちがうかもしれないのである。

問三　クロエが，おもしろいと思った発見をギンコちゃんに話したところ，初めは理解してもらえなかった。しかし，説明を続けるうちに，ギンコちゃんはクロエの発見したことを理解し，共感して「わあ，おもしろいね！」と言った。クロエはそのことがうれしかったのである。

問四　ギンコちゃんに，「さびしくなっちゃった」「『おもしろい』って言いあっても，本当はわかりあってないってこと？」と言われたクロエは，それを否定しつつも，「ちょっと自信がなく」なり，「もしかしてそういうこと？」と思っている。クロエとギンコちゃんは，「『おもしろい』って言いあっても，本当はわかりあってない」のかもしれないと感じて，だまりこんだのである。

問五　クロエは，「あんな変なのとつきあってたら，ギンコちゃんまで変になっちゃうよ。相手にしないほうがいいって」という言葉を聞いた。もし，クロエがギンコちゃんと話しているところを見られたら，ギンコちゃんとほかの鯉《こい》たちの関係が悪くなり，ギンコちゃんがこまってしまうと，クロエは考えた。そのため，ギンコちゃんのところに行くのをやめたのである。

問六　――線部５の前で，クロエは，「わたしは，わたしだ。ほかのだれでもないんだ」と考えた。その上で，――線部５にあるように，ギンコちゃんの言葉についてなんども考えた。そんなある日，ギンコちゃんとひさしぶりに会話を交わしたクロエは，「同じ言葉だけではわからないから，もっとわかりあいたくなるんじゃない」かと思いついた。

［三］

問一　20代と30代で１位である「うなずきやあいづちの回数を増やす」という工夫は，40代と50代では２位，60代では３位である。一方，20代では３位の「発音や発声をはっきりとして話す」という工夫は，30代では２位，40代以上では１位である。

《解答例》

※[1] A．1.2 ㎥　B．0.3 ㎥

[2] ⑴4個　⑵縦，横，高さの立体Pの個数が1個，2個，3個，4個，…と増えると，一番上の面で色のついている立体Pの個数は1個，3個，6個，10個，…と増える。

よって，縦，横，高さの立体Pの個数がn個のとき，一番上の面で色のついている立体Pの個数は，1からnまでの連続する整数の和と等しくなる。　※⑶136個

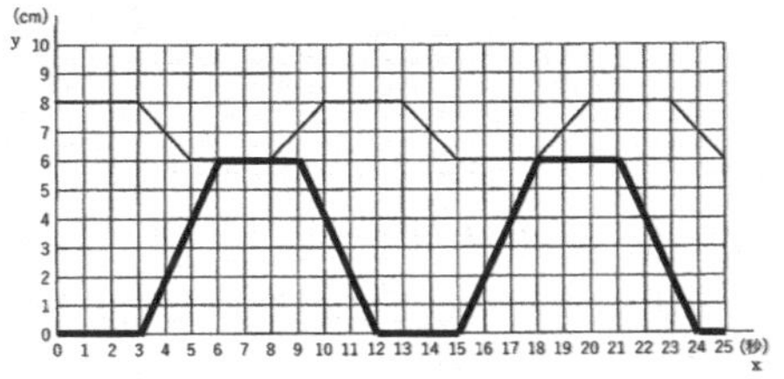

※[3] 10 ㎠

[4] ※⑴秒速1㎝　⑵右グラフ　※⑶18秒後　※⑷78秒後

[5] ⑴ア．酸素　イ．二酸化炭素　ウ．でんぷん　⑵エダマメ／ナス／パプリカ／ピーマン　⑶二酸化炭素が無くなったのが野菜によるものであることを確かめるため。　⑷緑色をしている野菜は光を当てると二酸化炭素を取り入れる。／葉だけではなく，実でも二酸化炭素を取り入れる。

[6] ⑴振り子が左右同じふれはばでふれ続ける。　⑵アルミニウム板や銅板によって，振り子の動きにブレーキがかかっていること。　⑶実験2では振り子が規則的に動き，実験3では振り子が最下点を4回目に通過するときに止まり，実験4では振り子が最下点を3回目に通過するときに止まったので，ブレーキがかからない紙のとき，磁石は最も速く落ち，アルミニウム，銅の順に磁石が落ちる速さがおそくなると予想できる。

※の式または説明は，解説を参照してください。

《解　説》

[1] AとB3つでは，10分間で5.7－2.7＝3(㎥)注入しているので，1分間では3÷10＝0.3(㎥)注入する。また，AとB5つでは，29－10＝19(分間)で，5.7㎥排出したので，1分間では，5.7÷19＝0.3(㎥)排出する。これらを比べると，1分間でB2つでは0.3＋0.3＝0.6(㎥)の水を排出するとわかる。よって，Bは1分間に0.6÷2＝0.3(㎥)の水を排出する。よって，B3つでは1分間に0.3×3＝0.9(㎥)の水を排出するので，Aは1分間に0.3＋0.9＝1.2(㎥)の水を注入する。

[2]

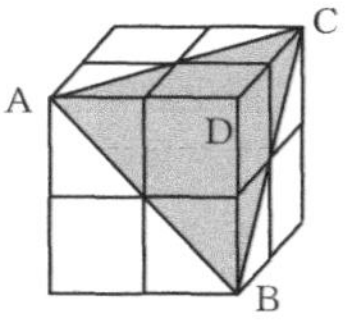

⑴ 右図のようになるので，色のついている立体Pは4個。

⑵ 一番上の面で直線ACは，直線ACが通る立体Pの面の対角線と重なる。したがって，縦，横，高さの立体Pの個数が1個，2個，3個，…と増えると，直線ACが通る立体Pの個数は1個，2個，3個，…と変化するので，解答例のように説明できる。

⑶ 縦，横，高さの立体Pの個数が10個ずつのとき，一番上の面で色がついている立体Pの個数は，1＋2＋3＋……＋10＝55(個)である。正面と右の面にも同様のぬり方がされているが，色がついている立体Pの個数を55×3＝165(個)とすると，2つの面に色がついている立体Pを1回余分に，3つの面に色がついている立体Pを2回余分に数えていることになる。2つの面に色がついている立体Pは，辺AD，BD，CDにそって9個ずつ，3つの面に色がついている立体PはDを頂点にもつ1個だから，求める個数は，
165－9×3－1×2＝136(個)

［3］ 立体の体積は，(a×a×3.14×a)＋(b×b×3.14×b)＝(a×a×a＋b×b×b)×3.14となる。これが87.92㎤と等しいので，a×a×a＋b×b×b＝87.92÷3.14＝28である。aとbはそれぞれ整数なので，同じ整数どうしで3回ずつかけた数の和が28になる2つの整数を求める。

1×1×1＝1，2×2×2＝8，3×3×3＝27より，aとbの組み合わせは1と3だから，求める面積は，

1×1＋3×3＝10(㎠)

［4］

⑴ QがEF上にいるときかCG上にいるときグラフは水平になるので，CG上にいるときの高さは6㎝，EF上にいるときの高さは8㎝である。よって，CE＝FG＝8－6＝2(㎝)だから，Qは2㎝を2秒間で移動しているので，2÷2＝1より，Qの速さは秒速1㎝である。

⑵ ⑴よりQがCG上にいるときの高さが6㎝なので，正方形ABCDの1辺の長さも6㎝である。Pは秒速2㎝で動くから，3秒ごとに移動する辺が変わる。

⑶ PとQが出会うのは同時にCに重なるときである。⑵のグラフより，Pは出発して6秒後にCに重なり，そこから12秒ごとにCと重なるので，6秒後，18秒後，30秒後，…となる。グラフより，Qは最初の3秒間は高さが変わらず，次の2秒間で高さが減少しているから，点Eから出発したとわかる。よって，Qは出発して8秒でCに重なり，そこから10秒ごとにCと重なるので，8秒後，18秒後，28秒後，…となる。したがって，1回目にPとQが出会うのは出発して18秒後である。

⑷ ⑶より，18秒後にはじめてCと同時に重なったあと，Pは12秒ごと，Qは10秒ごとにCと重なる。12と10の最小公倍数は60だから，1回目に重なってから60秒ごとにPとQは重なる。よって，2回目にPとQが出会うのは出発してから，18＋60＝78(秒後)である。

［5］

⑴ 植物は動物と同じように酸素を吸って二酸化炭素をはき出しているが，光が当たると二酸化炭素を取り入れて酸素を出し，でんぷんを作る光合成を行う。

⑵ 実の中にはたねが入っている。キャベツ，ホウレンソウ，ムラサキキャベツは葉，モヤシは芽である。

⑶ 野菜が二酸化炭素を取り入れることを調べるときは，野菜を入れずに二酸化炭素だけを入れたふくろも用意して実験結果を比べる。このような実験を対照実験という。

⑷ 表より，エダマメ，キャベツ，ピーマン，ホウレンソウは二酸化炭素を取り入れ，ナス，パプリカ，ムラサキキャベツ，モヤシは二酸化炭素を取り入れないことがわかる。このことから，緑色をしている野菜は光を当てると二酸化炭素を取り入れることがわかる。また，葉だけではなく，実でも二酸化炭素を取り入れることがわかる。

［6］

⑴ 振《ふ》り子が規則的に動くということは，左右同じふれはばでふれ続けるということである。

⑵ アルミニウム板や銅板を用いると，振り子のふれはばが小さくなっていき，やがて振り子がDの位置で止まることから，アルミニウム板や銅板によって，振り子の動きにブレーキがかかっていると考えられる。

⑶ 実験2で厚紙を用いたときは振り子が規則的に動き，実験3でアルミニウム板を用いたときは振り子が最下点を4回目に通過するときに止まり，実験4で銅板を用いたときは振り子が最下点を3回目に通過するときに止まったので，紙では磁石にブレーキがかからず，アルミニウムよりも銅の方が磁石に強いブレーキがかかると考えられる。よって，ブレーキがかからない紙のとき，磁石は最も速く落ち，アルミニウム，銅の順に磁石が落ちる速さがおそくなる。

《解答例》

[一] 問一．見やすいように記号であらわしたこと。／公共性の高い建物や土地だけを表示したこと。

問二．収穫した稲の約３％を納める租。／絹や魚などの特産物を納める調。／労役のかわりに麻布を納める庸。／国司のもとで１年に 60 日以内の労働をする雑徭。／都の警備をする衛士。／北九州の警備をする防人。のうちから２つ

問三．(例文)大名を三種類に分け、重要な役職や土地は親藩や譜代大名に与え、遠い土地に外様大名を配置することで、反乱を起こしにくくした。

問四．(①の例文)初めて直接国税を 15 円以上納める満 25 歳以上の男子に選挙権が与えられたから。

(②の例文)納税条件が 15 円以上から 10 円以上に引き下げられたから。

(③の例文)納税条件が 10 円以上から３円以上に引き下げられたから。

(④の例文)納税条件がなくなり満 25 歳以上のすべての男子に選挙権が与えられたから。

(⑤の例文)性別条件がなくなったうえに満 20 歳以上のすべての男女に選挙権が与えられたから。

問五．(例文)国民の代表となる国会議員を決めるために投票をしているだけで、個人の優れた意見や重要な提案を投票に反映することができないから。

[二] 問一．a．銅　b．卒業　c．罪悪　d．停止　e．状態　問二．①口から特別な液体でもだして鉛を化学的に分解する　②本当にかじるのだった　③鉛のフンをする　問三．われわれが、大学を出るまで知識を修得し続けること。　問四．無駄を伴い、かすを出す　問五．山から大量の岩石を掘りだして、その中から微量な貴金属を採取して、残りのほとんどを放棄する点。　問六．有用なことをするためには無駄なこともしなくてはならず、読んだ本の内容のいくらかは有用なものとなるから。　問七．①(例文)筆者が述べていることと似た考えを持っているのは、のぞみさんだと考えられる。なぜなら、のぞみさんは、素敵な場所を通って通学路を楽しむことも含め、学校生活を楽しんでほしいと言っていて、これは、有用なことをするためには無駄なこともしなくてはならないという筆者の考えに近いからだ。　②(例文)二人が先生から頼まれたのは、新入生に安全な通学路を知らせる案内をつくることであり、通学路にどんな危険があり、どうすれば安全に通学できるかについて話し合う必要があること。

《解　説》

[一]

問一　方位記号を入れることで方角がわかるようになった。また，市役所や病院，田畑などを地図記号であらわしている。

問二　絹や地方の特産品などを納める税である「調」や，都での 10 日間の労役に代えて布を納める税である「庸」などが地方から都に運ばれた。「調」や「庸」は中央政府の財源であったため，その荷物を運ぶための道路が整備された。なお，収穫量の約３％を納める税である「租」も課せられていたが，地方行政の財源であったため，平城京まで運ばれた税には含まれない。

問三　解答例の他，「武家諸法度に参勤交代を追加して，大名を江戸と領地に１年おきに住まわせることで，主従

関係を確認した。」なども良い。武家諸法度では，城の修理や大名家同士の結婚は戦争への備えであり，幕府に敵対する行為とみなされたため禁じられた。武家諸法度に違反した大名は，たとえ長く仕えていた者や多くの貢献をした者であっても厳しく処罰され，とくに，参勤交代の制度を追加した徳川家光の時代までは武力によって大名を制圧したので，取りつぶされる大名の数が多かった(武断政治)。参勤交代にかかる費用のために藩の財政は苦しくなり，とりわけ外様大名(関ヶ原の戦い前後に徳川氏に従った大名)は江戸から最も遠ざけられていたため，その負担が大きかった。

問四　有権者は，納税額，年齢，性別などの制限がなくなるごとに増えていった。2016 年の参院選では，選挙年齢が満 20 歳以上から満 18 歳以上に引き下げられたために，総人口にしめる有権者の割合が 83.3%であった。

選挙法改正年 (主なもののみ抜粋)	直接国税の要件	性別による制限	年齢による制限
1889 年	15 円以上	男子のみ	満 25 歳以上
1925 年	なし	男子のみ	満 25 歳以上
1945 年	なし	なし	満 20 歳以上
2015 年	なし	なし	満 18 歳以上

問五　日本では，主権者である国民が代表者を選挙で選び，その代表者がさまざまな物事を話し合って決める議会制民主主義(間接民主制)を採用している。そのため，主権者である国民が直接的に政治に参加できない。

［二］

問二①　筆者は、「鉛《なまり》をかじる虫」と聞いて、「虫の口から何か特別な液体でもだして鉛を化学的に分解するのか」と思っていた。下線部が、筆者の予想していた内容である。　②　──線部１の２～３行後にあるように、「鉛をかじる虫」は、鉛を「本当に『かじる』虫だった。　③　──線部１の３行後に、鉛を「本当に『かじる』証拠《しょうこ》に、その虫は「鉛のフン」をすると書かれている。

問三　──線部２は、直前の１文の内容をたとえている。「十七、八年の間」が指すのは、「小学校中学校高等学校を経て大学を卒業するまでの永い年月の間」である。また、「かじりつづけ、呑《の》み込《こ》みつづけて来た知識」とあるので、「かじりつづけ」たのは「知識」である。知識をかじりつづけるとは、知識を修得しつづけたということ。

問五　──線部４を、次の一文で具体的に言いかえている。人間は、「鉛をかじる虫」を見て、「鉛を食って鉛のフンをしたのでは～いったいそれがこの虫のために何の足しになるか～全く了解《りょうかい》に苦しむというより外《ほか》はない」と不思議に思う。しかし、虫のほうでも、人間が似たようなことをしているのを見て笑っているかもしれないというのである。

問六　「鉛をかじる虫」が「鉛を食って鉛のフンをする」ことと、人間が「大量の岩石を掘《ほ》りだして」微量《びりょう》な貴金属を採取して残りのほとんどすべてを捨ててしまうのは、同じように見える。また、程度の差はあるが、小学校から大学までの間に多くの知識を修得し、のちにそのうちの少なくない量をすっかり忘れてしまうのも、これらと似ている。しかし、「忘れてしまうくらいならば始めから教わらなくても同じではないか」というと、「『知らない』と『忘れた』は根本的にちがう」。──線部３のあとに書かれているように、有用なものを得るためには、無駄《むだ》なこともしなくてはならない。だから、一見無駄なように見える「わからないむずかしい本でも」読むことは、有用なことにつながるのである。

問七①　問六の解説にあるように、本文では、有用なものを得るためには、無駄なこともしなくてはならないと述べている。太郎君は無駄を省くことを重視している。一方、のぞみさんは、無駄なことをすることで有用なことが得られると考えている。

《解答例》

［1］ ⑴水蒸気　⑵小さなビーカーの底が水面に達すると，すきまにたまっている水蒸気がビーカーの底にふれている空気によって冷やされ，水滴に変化したから。　⑶小さなビーカー内のすきまが大きくなるので上昇し，小さなビーカーの底が水面に達すると，すきまが小さくなるので下降する。加熱を続けている間は，この動きがくり返される。

［2］ ⑴食物連さ〔別解〕食物もう　⑵ザリガニは人工水草を切断することができないため，人工水草の量が多いほど，ユスリカの幼虫とヤゴがかくれる場所が多くなるから。　⑶実験1で，水草がない場合はかくれる場所がないため，水草がある場合よりも生き残ったユスリカの幼虫とヤゴが少なかったと考えられる。また，同じ量の水草を入れたとき，ザリガニの数が多く，水草がたくさん切断されるほど，ユスリカの幼虫とヤゴがかくれにくくなるため，たくさん食べられたと考えられる。よって，ザリガニはえさであるユスリカの幼虫とヤゴを見つけやすくするために水草を切断すると考えられる。

※［3］ ⑴1980　⑵95　⑶11

※［4］ ⑴時速18㎞　⑵9時10分　⑶時速31.5㎞以上時速50.4㎞以下

※［5］ 582mL

［6］ ⑴右図　※⑵50.24㎝

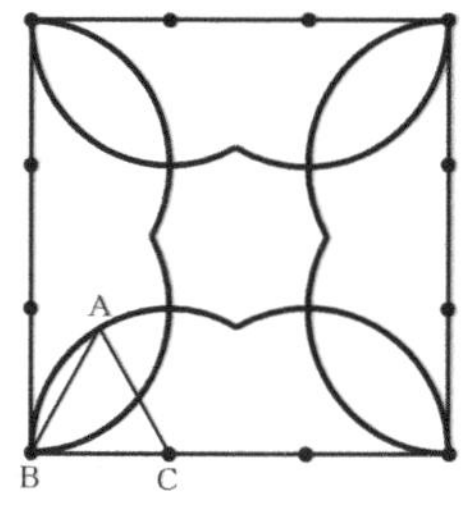

※の式または説明は，解説を参照してください。

《解　説》

［1］

⑴ 水を加熱すると，はじめに水にとけていた空気が小さなあわとなって出てくるが，図5のようなすきまをつくるほどの空気はとけていないので，すきまをつくったあわは水がふっとうして水蒸気にすがたを変えたものである。

⑵⑶ 水蒸気は同じ体積の水と比べて軽いので，水中では上に移動する。水蒸気の量が多くなると，小さなビーカーを持ち上げる力が大きくなり，上昇《じょうしょう》する。小さなビーカーの底が水面に達すると，すきまにたまった水蒸気が底にふれている空気によって冷やされて水にもどると，小さなビーカーを持ち上げる力が小さくなり，下降する。再び十分な水蒸気がたまると上昇し，水蒸気が冷やされて水にもどると下降する，という動きがくり返される。ビーカーがエレベーターのように動くことから，この実験は「エレビーカー」とよばれている。

［2］

⑴ 生物どうしの食べる・食べられるという関係を食物連鎖《れんさ》という。ある生物が2種類以上の生物を食べたり，2種類以上の生物に食べられたりすることもあり，この関係は網《あみ》の目のように入り組んでいる。これを食物網《もう》という。

⑵⑶ 実験1では，ザリガニの数が多く，たくさんの水草が切断されたときほど，生き残ったユスリカの幼虫とヤゴが少なく，ザリガニの体重が大きかった。ザリガニは水草を食べていないので，体重が大きくなったのは，ユスリカの幼虫やヤゴを食べたためである。よって，たくさんの水草が切断されるほど，ザリガニがえさであるユスリカの幼虫やヤゴを見つけやすくなると考えられる。また，ザリガニが切断できない人工水草を入れた場合には，人工水草の量が多いときほど，ザリガニがえさであるユスリカの幼虫やヤゴを見つけにくくなると考えられる。

［3］

⑴　2022÷45＝44 余り 42 だから，2022◎45＝44×45＝1980

⑵　100÷２＝50，50×２＝100 だから，与式＝100◎３◎４◎５

100÷３＝33 余り１，33×３＝99 だから，与式＝99◎４◎５

99÷４＝24 余り３，24×４＝96 だから，与式＝96◎５

96÷５＝19 余り１，19×５＝95 だから，与式＝95

⑶　Nが 5040 の約数のときは 5040◎N＝5040 となり，Nが 5040 の約数でないときは 5040◎Nは 5040 より小さくなる。5040＝２×２×２×２×３×３×５×７の約数は１，２，３，４，５，６，７，８，９，10，12，…となるので，求めるNの値は，5040 の約数でない数のうち，最小の数である 11 となる。

［4］

⑴　休けいの時間を除くと，はなこさんは家から美術館までの 36 ㎞の道のりを，10 時 15 分－８時－15 分＝２時間で進んでいるので，求める速さは，時速(36÷２)㎞＝時速 18 ㎞

⑵　家から公園までは 21 ㎞あるので，はなこさんは家から公園まで進むのに，21÷18＝$\frac{7}{6}$＝１$\frac{1}{6}$(時間)，つまり，１時間($\frac{1}{6}$×60)分＝１時間 10 分かかる。よって，求める時刻は，８時＋１時間 10 分＝９時 10 分

⑶　お父さんは，はなこさんが公園にいる９時 10 分から９時 10 分＋15 分＝９時 25 分までの間に，公園に着く。よって，お父さんが家から公園までの 21 ㎞の道のりを進むのにかかる時間は，９時 10 分－８時 45 分＝25 分＝$\frac{25}{60}$時間＝$\frac{5}{12}$時間から，$\frac{5}{12}$＋$\frac{15}{60}$＝$\frac{2}{3}$(時間)である。

したがって，求める速さは，時速(21÷$\frac{2}{3}$)㎞＝時速 31.5 ㎞以上，時速(21÷$\frac{5}{12}$)㎞＝時速 50.4 ㎞以下である。

［5］

Aの水の量を 10，Bの水の量を⑩とすると，Cの水の量は 10×(１＋0.2)＋⑩＝12＋⑩，Dの水の量は 10＋⑩×(１＋0.2)＝10＋⑫と表せる。CとDの水の量を足すと，12＋⑩＋10＋⑫＝22＋㉒が 575＋492＝1067(mL)にあたるとわかる。Eの水の量は 10×(１＋0.2)＋⑩×(１＋0.2)＝12＋⑫だから，求める水の量は，

1067×$\frac{12+⑫}{22+㉒}$＝1067×$\frac{12}{22}$＝582(mL)

［6］

⑴　正三角形ABCは右図のように動く。

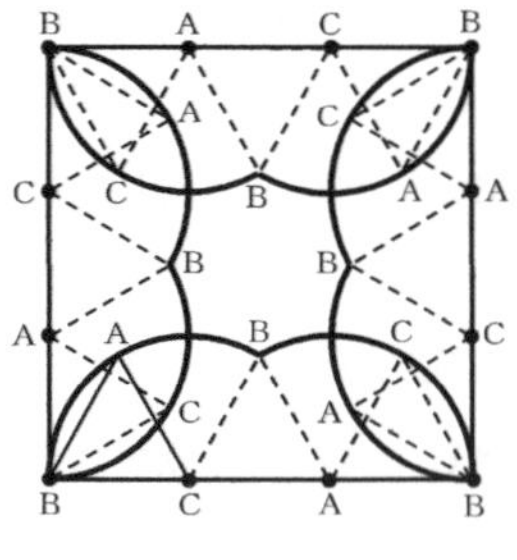

⑵　正三角形ABCの１辺の長さは，９÷３＝３(㎝)

求める長さは半径が３㎝，中心角が 60°×２＝120°のおうぎ形の曲線部分の長さの８倍だから，３×２×3.14×$\frac{120°}{360°}$×８＝16×3.14＝50.24(㎝)

《解答例》

〔一〕 問一．課題…農業で働く人の高齢化と後継者不足。 説明…(例文)生育観察や農薬散布にドローンを活用すること。 問二．くわや鎌などの農工具に加工され、集団で稲作などの農作業をするようになり、それとともに貧富の差や社会的身分の差が生まれた。 問三．古代オリエントのペルシアで作られ、シルクロードを経由して唐に持ちこまれ、唐から遣唐使によって奈良の都に運びこまれた。 問四．米が自由に購入できなくなり配給制になった。(下線部はマッチ／砂糖でもよい) 問五．作業を安全・確実に行うために産業ロボットを導入すると、企業や消費者にとっては良いことだが、今までその作業にたずさわっていた人が職を失うことになる。このように、ロボットや人工知能の導入が人々の働く場所をうばうことになるから。

〔二〕 問一．a．採集 b．規則 c．転 d．構 e．節 問二．タイタスが子どもに戻ってしまったということ。 問三．A．笑うのはヒトの特徴だ B．信じがたい 問四．一回だけ起きたことなので、憶測が入っているのではないかと疑われ、説得力を持たせることができないから。 問五．ア．タワーの上にブドウを置かれた時、メスや子どもが登る様子を観察し、二時間たってから、ためらわずにタワーに登った。
イ．頭の中でよく考えて、自信が付いてから行動にうつすため、タイムラグが生まれるが、始めた時には正解に到達している点。 問六．山極さん…他のゴリラがタワーに登る様子を観察し、登り方をシミュレーションすることで、登ることに自信が付いたため。 尾本さん…テレビ局の人たちが帰り、見られるきん張がなくなったため。 問七．(例文)私はあおいくんの方法を選びます。山極さんの言葉に、チンパンジーは試行錯誤的で、失敗してもすぐに何かを始めるとありました。ドローンのプログラミングも、一回で成功するとは限らないので、失敗をくり返しながら、修正していけば良いと思います。

《解　説》

〔一〕

問一 グラフより，農業で働く人の数が急激に減り続けているにもかかわらず，60 歳以上の割合は増え続けて，59 歳以下の割合は減り続けていることから，高齢化と若手不足が深刻化していると判断できる。人手不足の解消のため，ドローンの他，無人自動運転トラクターの共同利用なども導入されており，田植えや稲の刈り取りが人の手を借りずにできる。

問二 大陸から稲作が伝わると，定住生活が広まり，生産手段を持つ者は作業の指導者として地位を高め，生産手段を持たない者との格差を広げていった。そのため，稲作が広まった弥生時代には，支配する者と支配される者の身分差がはっきりとしていた。また，稲作の土地や用水をめぐって争いがおこったため，鉄は武器としても用いられていた。

問三 奈良時代，日本は遣唐使を送り，唐の進んだ制度や文化を学んでいた。当時の唐には，シルクロードを通って西アジアから様々な宝物が伝わっており，その一部が遣唐使によって日本に持ちこまれ，東大寺の正倉院に納められた。

問四 戦時体制下では軍需品の生産が優先され，日本国内では生活必需品が不足したため，1938 年の国家総動員法をきっかけに配給制が導入されて食料は通帳による配給，衣服は切符となった。

問五 日本では，金融や製造業などの効率化を目指す企業で人工知能の活用が進んでいる。解答例のほか，化石燃料に頼らない核の開発が，壊滅的な被害をもたらす核兵器の製造につながったことや，高度経済成長期に環境破壊や地球温暖化が進んだことなどについて取り上げてもよい。

〔二〕 著作権に関係する弊社《へいしゃ》の都合により本文を非掲載《ひけいさい》としておりますので、解説を省略させていただきます。ご不便をおかけし申し訳ございませんが、ご了承《りょうしょう》ください。

《解答例》

※[1] ⑴A．22個　B．28個　C．20個　⑵61.1ｇ

※[2] ⑴左から３番目，60Ｌ　⑵405Ｌ

※[3] 285.94㎠

[4] ※⑴毎秒150㎤　※⑵A．4500㎤　B．3000㎤

⑶右グラフ

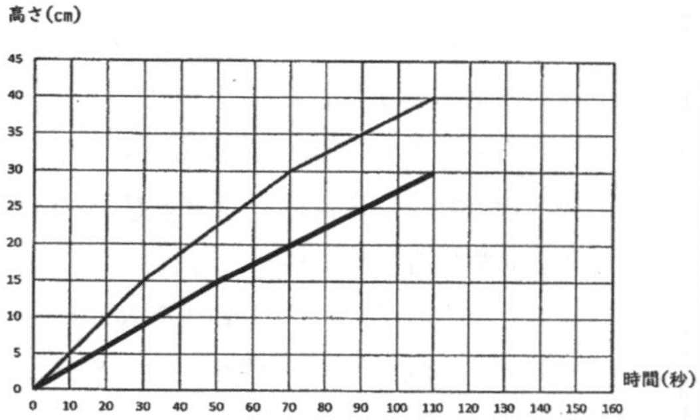

[5] ⑴水／空気／適当な温度 のうち２つ　⑵種子の見た目がうすい黄色だとアリが運びやすい。／種子の中央のくぼみに白いかたまりが入っているとアリが運びやすい。

⑶種子の中央のくぼみの白いかたまりが入っていること。

[6] ⑴みがくと光を受けて輝く。／たたくと広がる。／引っぱるとのびる。／電流を流しやすい。／熱が伝わりやすい。のうち２つ　⑵金属Ｂの方が金属Ａよりも加熱した時の体積変化が大きいので，図２より，バイメタルは体積変化が大きい方が外側になるように曲がることがわかる。また，図３のバイメタルの方が図２よりも大きく曲がったので，金属Ｃの方が金属Ｂよりも加熱した時の体積変化が大きいことがわかる。

⑶図…右図　説明…図のような装置を作り，２本の支柱の幅の金属Ａ，金属Ｂ，金属Ｃの棒の中央を一定時間加熱し，棒が支柱からどれだけ外側に出たかを調べる。

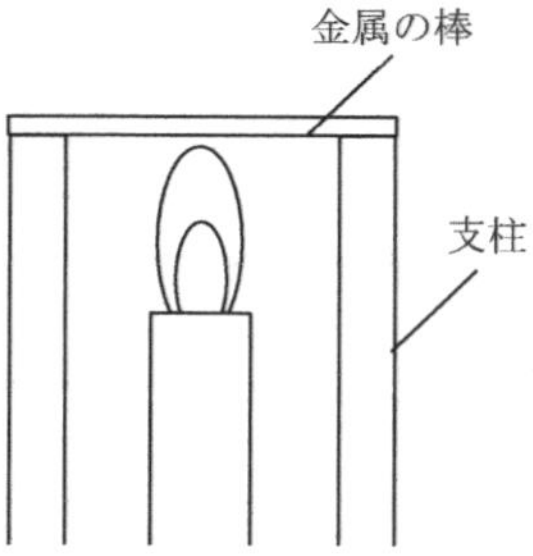

※の式または説明は，解説を参照してください。

《解　説》

[1]

⑴　Ｂの球はＡの球より６個多く，Ｃの球はＡの球より２個少ないから，Ａの球の３倍は，70個よりも６－２＝４(個)少ない。よって，Ａの球は(70－４)÷３＝22(個)，Ｂの球は22＋６＝28(個)，Ｃの球は22－２＝20(個)

⑵　すべての球の重さの合計は，60.9×70＝4263(ｇ)である。

すべての球の重さをＢに入っている球の重さの平均とすると，実際の重さを比べて，Ａに入っている分の球は７×22＝154(ｇ)だけ重く，Ｃに入っている分の球は７×20＝140(ｇ)だけ軽くなるから，重さの合計は，4263＋154－140＝4277(ｇ)となる。よって，Ｂに入っている球の重さの平均は，4277÷70＝61.1(ｇ)である。

[2]

⑴　１段目に流れる水の量を３×３×３×３＝81として，各段に流れる水の量を考える。Ｂには$81\times\frac{1}{1+2}=81\times\frac{1}{3}=27$，Ｃには$81\times\frac{2}{3}=54$の水が流れる。Ｄには Ｂから$27\times\frac{2}{3}=18$，Ｃから$54\times\frac{1}{3}=18$の水がくるので，18＋18＝36の水が流れる。同様にして，Ｅには$54\times\frac{2}{3}=36$，Ｆには$36\times\frac{2}{3}+36\times\frac{1}{3}=36$，

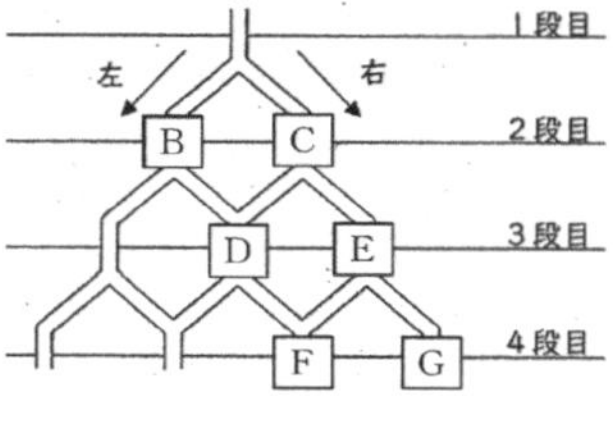

Gには $36\times\frac{2}{3}=24$ の水が流れる。４段目について，Ｆより左のパイプからは

36 以上の水が流れることはないので，４段目に並んでいるパイプのうち，水の流れる量が最も多いのは左から

３番目であり，そのパイプに流れる水の量は，$135\times\frac{36}{81}=60$（L）である。

(2)　(1)をふまえる。５段目について，一番右のパイプからは，Ｇのパイプの右からくる $24\times\frac{2}{3}=16$ の水が流れる。

右から２番目のパイプからは，Ｆの右とＧの左からくる $36\times\frac{2}{3}+24\times\frac{1}{3}=32$ の水が流れる。これより左のパイプからは 32 以上の水が流れることはないので，Ａから入った水の $\frac{32}{81}$ が 160Ｌであるとわかる。

よって，Ａから入った水の量は，$160\div\frac{32}{81}=405$（L）である。

［３］

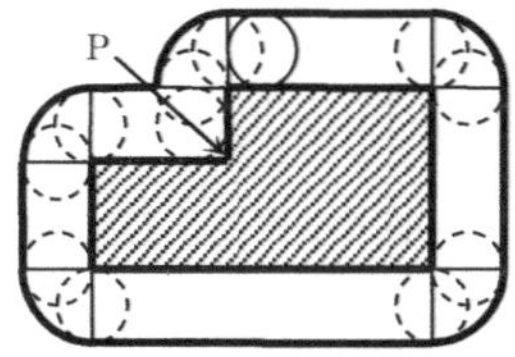

円が通った部分は右図の太線で囲まれた，斜線《しゃせん》部分とＰの部分以外である。

右図のように，おうぎ形と長方形とＰの部分にわけて考える。

おうぎ形は全部で５つあり，すべて半径が２×２＝４（cm），中心角が 90° である。

長方形全部で５つあり，たての長さをすべて４cmの辺とすると，横の長さはそれぞれ６cm，８cm，20－８＝12（cm），10 cm，20 cmである。Ｐの部分は１辺が４cmの正方形から半径２cmの円を除いた残りの部分の $\frac{1}{4}$ である。

よって，求める面積は，$(4\times4\times3.14\times\frac{90}{360})\times5+4\times(6+8+12+10+20)-(4\times4-2\times2\times3.14)\times\frac{1}{4}=$

$62.8+224-0.86=285.94$（cm²）

［４］　グラフから，右図のようなことがわかる。

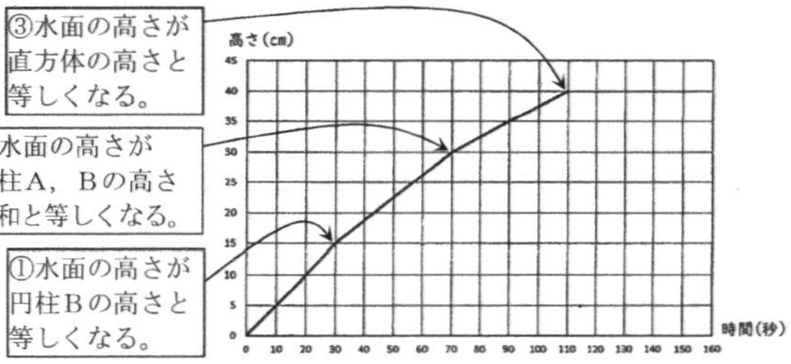

(1)　図の②から③までの 110－70＝40（秒間）で入った水の量は，たて 20 cm，横 30 cm，高さ 40－30＝10（cm）の直方体の体積に等しく，20×30×10＝6000（cm³）である。よって，求める割合は，毎秒（6000÷40）cm³＝毎秒 150 cm³である。

(2)　図の①までの 30 秒間で入った水の量と円柱Ｂの体積の和は，たて 20 cm，横 30 cm，高さ 15 cmの直方体の体積に等しく，20×30×15＝9000（cm³）である。よって，円柱Ｂの体積は，9000－150×30＝4500（cm³）

図の①から②までの 70－30＝40（秒間）で入った水の量と円柱Ａの体積の和は，たて 20 cm，横 30 cm，高さ 30－15＝15（cm）の直方体の体積に等しく，9000 cm³である。よって，円柱Ａの体積は，9000－150×40＝3000（cm³）

(3)　直方体の高さが 30 cmなので，円柱Ａ，Ｂの高さの和と等しい。

①（水面の高さが 15 cmになる）までに入れた水の量と円柱Ｂの体積の和は，たて 20 cm，横 40 cm，高さ 15 cmの直方体の体積に等しく，20×40×15＝12000（cm³）だから，①までに水は 12000－4500＝7500（cm³）入る。

よって，①までは 7500÷150＝50（秒）かかる。

②（水面の高さが 30 cmになる）までに入れた水の量と円柱ＡとＢの体積の和は，水そうの容積に等しく，20×40×30＝24000（cm³）だから，②までに水は 24000－4500－3000＝16500（cm³）入る。

よって，②までは 16500÷150＝110（秒）かかる。

したがって，３点（０秒，０cm）（50 秒，15 cm）（110 秒，30 cm）を直線で結べばよい。

［５］

(1)　種子が発芽する条件は，水，空気，適当な温度である。これらのうち２つを書けばよい。

(2)　図２より，アリが最初に運んだ種子はフラサバソウ，次に運んだ種子はイヌノフグリで，タチイヌノフグリは

それだけになっても運ばなかったことがわかる。図１の種子のスケッチと特徴より，フラサバソウやイヌノフグリにはあり，タチイヌノフグリにはない特徴を答える。種子の見た目がうすい黄色だとアリが運びやすいこと，種子の中央のくぼみに白いかたまりが入っているとアリが運びやすいことなどが考えられる。

⑶　図３より，オオイヌノフグリは見た目がうすい黄色ではなく茶色であるが，種子がアリに運ばれたことから，アリは見た目の色ではなく，種子の中央のくぼみの白いかたまりが入っているものを運んでいると考えられる。

［６］

⑴　温度による体積変化以外に，みがくと光を受けて輝く（金属光沢），たたくと広がる（展性《てんせい》），引っぱるとのびる（延性《えんせい》），電流を流しやすい，熱が伝わりやすい，などが金属に共通する性質である。

⑵　バイメタルでは，体積変化の差が大きいほど曲がりが大きくなる。また，曲がったバイメタルの外側の金属は内側の金属よりも温度による体積変化が大きい。図２と図３で金属Ａは共通だから，金属Ａとのバイメタルが大きく曲がった金属Ｃの方が，金属Ｂよりも温度による体積変化が大きいことがわかる。したがって，温度による体積変化が大きい順に金属Ｃ，金属Ｂ，金属Ａとなる。

⑶　金属棒の長さや加熱時間などの条件をすべて同じにして，温度による体積変化が異なることが確かめられる実験を考える。

《解答例》

［一］　問一．集落や耕地を堤防で囲んだ。／宅地より高く盛土をして、その上に水屋を建てた。

問二．［人物の名前／業績］　［北里柴三郎／ペスト菌の発見や破傷風の治りょう法の発見］，［フレミング／ペニシリンの発見］などから１つ

問三．将軍のひざもとと呼ばれた江戸は、江戸城を囲むように武家屋敷が建てられていた。天下の台所と呼ばれた大阪は、大阪城のまわりだけに武家屋敷があり、商いをする町人の住む場所が広がり、川ぞいには舟で米などを運ぶため、蔵屋敷が建てられていた。

問四．提灯の張り替えは、骨組みを捨てずに、紙を何度でも張り替えるリユースのはたらきをしていた。下肥買いは、捨てられる排せつ物を買い取って農家に売るリサイクルのはたらきをしていた。

問五．例１の子どもの貧困は、教育を受ける権利という基本的人権を侵害しているが、例２の高校生の貧困は、基本的人権を侵害していないという違い。

［二］　問一．a．絶　b．複雑　c．欠　d．季節　e．誤　問二．鳥も自分も同じ世界に生きているのに、自分はどうしてあの鳥のように、自由に生きられないのか　問三．自分がこの世界にいるということがとても不思議な、奇妙なことに思え、一人で生きているように感じられる。　問四．世界と自分をはっきりと分けて認識　問五．自由に、世界を学び、世界を自分に合うようにつくり替える努力を積み重ねてきた　問六．自然を学んだ人間がつくり出したものを学ぶこと　問七．若者は、知識を身に付ける際に誤った理解をする可能性があるという弱点をかかえているが、世界を変えるような新発見は、そのようなエラーの中でなされることが多いということ。　問八．①若い世代には、世界を変えていく力があり、エラーを恐れずにちょう戦していけば、誰も考えつかなかったことを行い、不可能を可能にすることができるかもしれない。　②今できないことをできるようにするだけでなく、未知のことを発見したり想像したりして、新たな技術を生み出す

《解　説》

［一］

問一　木曽三川（木曽川・長良川・揖斐川）に囲まれた下流域では，土地が川よりも低いため，古くから洪水が多かった。そのため，輪中と呼ばれる堤防で周囲をめぐらせ，土を盛るなどして周囲より高いところにひなん場所としての水屋を建てた。

問二　北里柴三郎の業績には「コレラの血清療法の発見」などもよい。また，「志賀潔」の業績に「赤痢菌の発見や治療法の確立」としてもよい。

問三　地図①と地図②を見比べると，江戸は武士の居住場所，大阪は町人の居住部分が圧倒的に広いことがわかる。また，地図②からは，大阪では商売のための水運が発達していたこともわかる。以上のことを，絵①の武家屋敷，絵②の蔵屋敷と結びつける。諸藩の蔵屋敷が集まる大阪には年貢米や特産物が運ばれ，保存・販売されていた。

問四　「持続可能」とは，将来の世代も豊かで便利で快適な生活を目指すこと。リユース（そのままの形体で繰り返し使用）・リサイクル（資源として再利用）・リデュース（ゴミの発生の抑制）の３Ｒを進め，新たな天然資源の使用を減らす循環型社会が目指されている。

問五　子どもの年齢に着目する。例１では子どもが小学校に行けてないため，教育を受ける権利が侵害されている。

一方，例２では子どもが高校までの基本的な教育を受けた後，それよりも上の学校へ行くことを望んでいる。例１では，教育を受けずに育った親世代が教育の必要性を理解していないため，貧困の世代間連鎖を繰り返している。例２では，親の収入などによる格差が子どもの教育環境に反映されている（教育格差）。

［二］

問二　直後の「世界があり、その中で僕《ぼく》は生きている～どうしてあの鳥のように、自由に生きられないのだろう」の部分からまとめる。「制服を身にまとい、学校へ向かわなければならない」は、鳥のような自由がないことを表している。

問三　続く「自分ではどうしようもない宿命的なずれ。自分がこの世界にいるということがとても不思議な、奇《き》妙《みょう》なことに思えてくるのだ。同時に強い孤独《こどく》感が押《お》し寄《よ》せてくる～『自分一人でここに生きている』という感覚だ」からまとめる。「ぴったりと感じられない」とは、世界との間にずれを感じ、孤独感があるということ。

問四　鳥や魚は自分の暮らす空や海を、「空」や「海」と名づけることがないのに対し、人間は、空を「空」、海を「海」と呼ぶ。名づけるということは「世界を対象として捉《とら》える」ということであり、「世界と自分をはっきりと分けて認識《にんしき》」しているということである。

問七　「弱点」とは、「膨大《ぼうだい》な知識の体系に分け入った若者」が「それを骨肉化しようとするとき（身につけようとするとき）誤った理解をすること」である。しかし、その「誤った理解」＝「エラー」こそが「新発見」や「何かを成し遂《と》げる力」につながるのである。――線部６の２～３行前の「新発見は～エラー、あるいはアクシデントと呼ばれる事態の中でなされることが多い。人間が何かを成し遂げる力は、エラーにこそある」を参照。

問八①　Ｃ先生の３番目の発言「若い世代が、もっともっと工夫していけば～科学や技術で未来を変えられる可能性がみんなにはあるよね」と、本文の「世界を変える力は知識ではなく『若い力』」、――線部６の「若さとは～世界を変えていく力でもある」は、同じようなことを言っている。若い世代に大きな可能性を見出している。

②　Ｄ先生は「Ｃ先生の言うことはその通りだとは思うんだけれども、人間の可能性ってそれだけじゃないですよね」と言っている。Ｄ先生は、人間には、Ｃ先生の言っている以上の可能性があるということを言おうとしている。Ｃ先生は「人間はできないことや不自由さを技術や工夫で解消してきた」と言っているが、「できないこと」や「不自由さ」の「解消」以上のことが人間にはできるということ。また、空らんの前に「つまり」とあるから、前で言っている「例えば、海に潜《もぐ》れる道具を～人間が知ることができたり想像したりすることができたりするから」という具体例を、要約する必要もある。

《解答例》

［１］　⑴水温／水量／メダカの数／オスとメスの割合／周囲の明るさ　などから３つ　　⑵周囲の景色が変化しないときにはＡとＣのように泳ぐ向きはばらばらになるが，周囲の景色が変化するときにはＢのように景色が動く向きと同じ向きに泳ぐ。　　⑶景色が動いていないように見えるので，ばらばらの向きに泳ぐ。

［２］　⑴考え方…20ｇのおもりと10ｇのおもりが棒を左にかたむけるはたらきが20×15＋10×20＝500だから，支点から右へ10㎝の位置に500÷10＝50ｇのおもりをつるすと，てこは水平になる。　答え…50

⑵①考え方…支点の右につるすおもりが軽いときほど，おもりを右へ動かしたときの棒を右にかたむけるはたらきの増加が小さいので，より細かい間かくではかることができる。10ｇのおもりを支点から右へ１㎝動かすごとに棒を右にかたむけるはたらきは10×１＝10大きくなるから，支点から左へ10㎝の位置につるしたものは10÷10＝１ｇの間かくではかることができる。　答え…１　②100ｇと10ｇのおもりを支点から右へ20㎝の位置につるすと，棒を右にかたむけるはたらきが100×20＋10×20＝2200で最大になる。はかりたいものをつるす位置が支点から左へ10㎝のときは最大で2200÷10＝220ｇのものまではかれるが，支点から左へ20㎝にすると最大で2200÷20＝110ｇのものまでしかはかれなくなる。

※［３］　⑴60度　　⑵50度　　⑶７回

［４］　※⑴右図　　※⑵52

⑶２枚並んだカードのうち，右にあるのカードが表す数は，同じ位置にあるのカードが表す数の２倍だから，つねに２の倍数である。この数を②とする。左にあるのカードが表す数は，②×$\frac{1}{2}$×３＝③となるから，の２枚のカードが表す数は，③＋②＝⑤となり５の倍数である。さらに，のカードはどこに並んでいても０を表すから，100枚のカードが表す数は，⑤＋０＝⑤となり，必ず５の倍数になる。

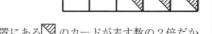

※［５］　37.68㎤

※［６］　⑴63㎞　　⑵時速54㎞　　⑶87.5　　⑷77.5分後

※の式または説明は，解説を参照してください。

《解　説》

［１］

⑵⑶　メダカは同じ場所にとどまるように泳ごうとするから，景色が動いたときにはその動きを追うように泳ぐ。横じま模様のときには景色が動いていない（ように見える）ので，ＡやＣと同様にばらばらの向きに泳ぐと考えられる。

［２］

⑴　棒をかたむけるはたらき〔おもりの重さ（ｇ）×支点からの距離《きょり》（㎝）〕が左右で等しくなると，てこは水平になる。図１でも，棒を左にかたむけるはたらきが50（ｇ）×20（㎝）＋100（ｇ）×10（㎝）＝2000，棒を右にかたむけるはたらきが200（ｇ）×10（㎝）＝2000となり，等しくなっている。

⑵①　例えば，10ｇのおもりを支点から右に５㎝のところにつるしてつりあえば，はかりたいものの重さは（10×５）÷10＝５（ｇ），６㎝のところにつるしてつりあえば，はかりたいものの重さは（10×６）÷10＝６（ｇ）となり，おもりを１㎝動かすごとに１ｇの間かくではかることができるが，同じ操作を100ｇのおもりで行うと，５㎝

のところにつるしたときには(100×５)÷10＝50(ｇ)，６cmのところにつるしたときには(100×６)÷10＝60(ｇ)となり，おもりを１cm動かすごとに 10ｇの間かくではかることになる。　②　解答例は，はかることができる最大の重さに着目したものである。これ以外にも，①のような，はかることができる重さの間かくなどに着目してもよい。例えば，はかりたいものをつるす位置を支点から左へ 20 cmにすると，0.5ｇの間かくではかれるようになる。

［３］

⑴　右図のように記号をおく。

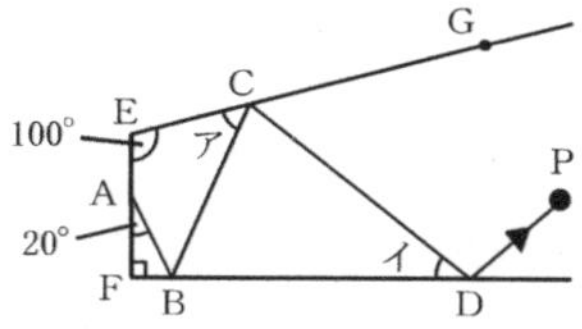

三角形ＡＦＢの内角の和より，角ＡＢＦ＝180－20－90＝70(度)だから，

角ＣＢＤ＝角ＡＢＦ＝70 度，角ＣＢＦ＝180－70＝110(度)である。

よって，四角形ＥＦＢＣの内角の和より，角ア＝360－100－90－110＝60(度)

⑵　⑴の解説の図をふまえる。

角ＧＣＤ＝角ア＝60 度だから，角ＢＣＤ＝180－60－60＝60(度)である。

よって，三角形ＣＢＤの内角の和より，角イ＝180－60－70＝50(度)

⑶　かべが図２の長さしかないと，図２でかべに当たっている回数を数えるだけになるので，上下のかべは右に長く続いていると考える。点Ｐが動く線が，かべと平行になると，その後はかべに当たらない。

上のかべに 100－90＝10(度)で当たると下のかべと平行に，下のかべに 100－90＝10(度)で当たると上のかべと平行になる。かべに当たる角度が 10 度となるのが何回目かを求める。図２において，１回目にかべに当たった角度は角ＡＢＦ＝70 度，２回目にかべに当たった角度は角ア＝60 度，３回目にかべに当たった角度は角イ＝50 度，…と 10 度ずつ減っているから，７回目にかべに当たる角度が 10 度となるとわかる。よって，７回かべに当たると，点Ｐの動く線が上のかべと平行になり，かべに当たらなくなる。

［４］

⑴　白色のカードは０を表し，カードのぬりつぶした部分によって，右図のように数を表しているとわかる(カードの右上の数字はのカードで表される数，カードの左下の丸数字はのカードで表される数である)。13＝９＋３＋１だから，右から３枚のカードを並べればよいとわかる。

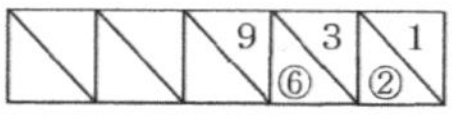

⑵　⑴の図より，のカードは，右から１，３，９，…右のカードに３をかけた数を表していて，のカードは，同じ位置ののカードの２倍を表しているとわかる。よって，求める数は，０＋９×３＋９×２＋６＋１＝52 である。

⑶　⑵の解説をふまえ，100 枚のカードで表される数は，それぞれのカードが表す数の和であることを利用して説明する。

［５］　できる立体は右図のようになる。

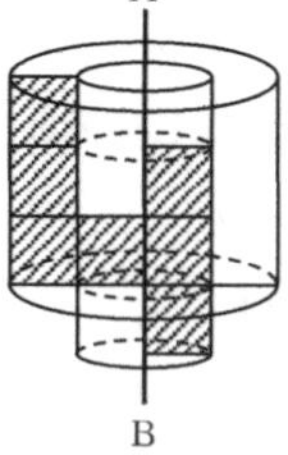

下にでっぱっている部分と，上の空洞《くうどう》部分は同じ形だから，求める体積は，底面の半径が２cm，高さが３cmの円柱の体積に等しい。よって，２×２×3.14×３＝12×3.14＝37.68(cm³)である。

[6] グラフから，右図のことがわかる。

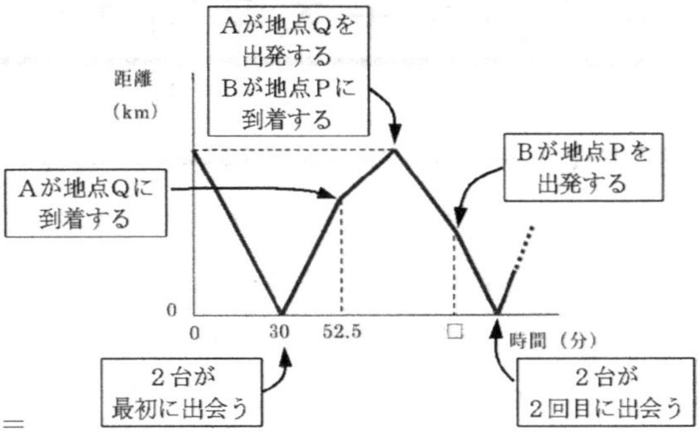

(1) 右図より，Aが地点PからQに着くまでにかかる時間は 52.5 分とわかる。Aの速さは，毎秒 20m＝毎分 $(\frac{20\times60}{1000})$ km＝毎分 1.2 kmだから，求める距離は，1.2×52.5＝63(km) である。

(2) 2台が最初に出会うまでにかかる時間が 30 分だから，2台の速さの和は，分速(63÷30)km＝分速 2.1 kmである。したがって，Bの速さは，分速(2.1－1.2)km＝分速 0.9 km＝時速(0.9×60)km＝時速 54 kmである。

(3) 地点PまたはQに到着したときに停車する時間を求める。Aが地点Qを出発する時間，つまり，Bが地点Pに到着する時間は，63÷0.9＝70(分後)だから，Aが地点Qに停車していた時間は，70－52.5＝17.5(分)である。Bが地点Pで停車する時間も 17.5 分だから，□に入る数は，70＋17.5＝87.5 である。

(4) Bが地点Pを出発するとき，Aは地点Qから，1.2×17.5＝21(km)進んでいるから，このときの2台の間の距離は，63－21＝42(km)である。したがって，このときから2台が出会うまでにかかる時間は，42÷2.1＝20(分)だから，2台が2回目に出会うのは最初に，Aが地点Pを，Bが地点Qを出発してから，87.5＋20＝107.5(分後)である。よって，2台が2回目に出会うのは最初に出会ってから，107.5－30＝77.5(分後)である。

《解答例》

[一]　問一．工業の発展によって高度経済成長を遂げると，工業地帯の中核をなす都市部で人口が増え，商業が発達した。その結果，都市部では過密化，農村部では過疎化が進み，農林水産業が衰退した。

問二．[名前／都道府県名] [水俣病／熊本県]〔別解〕[新潟水俣病／新潟県] [四日市ぜんそく／三重県] [イタイイタイ病／富山県]　問三．弓矢ややりで狩猟や漁を行い，採集した食物を縄文土器で煮炊きや保存し，竪穴住居が集まる集落で定住していた。　問四．豊臣秀吉の朝鮮出兵の際，連れて来られた陶工たちが始めた。

問五．台風による高潮や高波で，海水が護岸を越えて浸水する恐れがある。〔別解〕地震による津波で海水が護岸を越えたり，液状化が発生したりして，浸水する恐れがある。　問六．男は仕事，女は家事という昔からの考えがあり，家事・育児に男性が進出する環境ができていないから。

[二]　問一．a．豊　b．逆　c．昔　d．故郷　e．顔　問二．①お腹が空いて、食べたくて食事をすること。②食事の時間になったから食事をすること。　問三．①自分はあの仕事をやりたくないんだ、自分はあの人が嫌いなんだという思い　②意識に現れるということ。　問四．①A．自分は本当は何が食べたいのか　B．退屈すること〔別解〕情報を遮断すること　C．「自分は本当は何がしたいのか？」という手がかりが手に入る　②情報を遮断することによって、大学で学ぶことに飢え、大学に通う意味や自分の未来について考えることができるという意味があった。　問五．筆者は本文で、欲求を段階には分けず、自分が本当にしたいことは、情報に飢えることによってわかると主張している。それに対して、先生と子どもたちとの対話では、欲求は段階的にあらわれるという考え方をふまえ、自分が本当にしたいことは、欲求をおさえるのではなく、満たしていくことでわかるようになると理解している。

《解　説》

[一]

問一　日本は1950年代後半から1970年代初めにかけて，技術革新や重化学工業の発展によって，高度経済成長を遂げ，1968年にアメリカに次ぐ世界第2位の国民総生産を記録した。1960年代に政府が京浜・阪神などの工業地帯の中間地域を開発して太平洋沿岸を帯状に結ぶ構想を打ち出し，日本の経済発展の中心的な役割を果たしてきた。一方で，都市部に働きに出た若い世代がそのまま都市部で暮らし続けることが多かったので過密化が進み，農村部では過疎化が進んでいった。

問二　高度経済成長期に生産や利益を優先した結果，大気や川・海・大地が廃棄物の有害物質によって汚染され，人々の生命や健康がおびやかされる公害問題が発生した。四大公害病については，その原因まで覚えておこう。(右表参照)

公害名	原因	発生地域
水俣病	水質汚濁 (メチル水銀)	八代海沿岸 (熊本県・鹿児島県)
新潟水俣病	水質汚濁 (メチル水銀)	阿賀野川流域 (新潟県)
イタイイタイ病	水質汚濁 (カドミウム)	神通川流域 (富山県)
四日市ぜんそく	大気汚染 (硫黄酸化物など)	四日市市 (三重県)

問三　縄文時代の人々は，クリやクルミなどの木の実ややまいもなどを採集し，ニホンジカやイノシシなどを狩り，貝・魚などをとって暮らしていたが，米づくりが始まると，安定して食料を得ることができるようになって，人口が増加した。

問四　豊臣秀吉は，明征服をもくろみ，その通り道となる朝鮮に2度にわたって出兵した(1592年 文禄の役・1597年 慶長の役)が，李舜臣などの活躍により苦戦し，1598年の秀吉の病死をきっかけに日本軍は撤退した。文禄・慶長の役は，諸大名が朝鮮から多くの陶工たちを日本に連れ帰ったことから「焼き物戦争」とも呼ばれる。

問五　写真で夢洲が大阪湾に面していることから，海水による浸水の被害の発生を導く。夢洲と同じように，大阪湾に面した人工島の関西国際空港では，2018年の台風による高潮で冠水する被害が発生した。

問六　2017年度の育児休業取得率は，女性が83.2%，男性が5.14%であった。日本では「男が仕事，女が家事や育児」といった役割分担の意識が強く，男女平等が実現できなかったことから，1999年に男女共同参画社会基本法が制定された。あらゆる分野で男女が平等な社会を実現させるためには，保育サービスの多様化や，子育て・介護のための休暇制度の充実など，誰もが自由に社会活動に参加できる環境作りが必要となる。

［二］

問二①　「本当の意味で飢《う》えを経験」して食べる食事。──線部1の２～３行後の表現を使えば、「食べたくて食べたくて、必死で食事をした」という経験。ただし、豊かになった現代においては、本物の飢えを経験した人は少ない。また、食事の時間が来ても、本当の意味でお腹《なか》が空《す》いていることは少ない。　②　本文２～４行目の「ほとんどの人は、子供の時から食事の時間になったからなんとなく食事をしてきたはずです。飢えて、ひもじいから食事をしたのではなく、食事の時間になったから、食事をしてきたのです」からまとめる。「なんとなく」は──線部２にある表現だから、この部分を説明する文には入れられない。

問三①　「まるで、深海に潜《ひそ》んでいた潜《せん》水艦《かん》が、突《とつ》然、浮《ふ》上してきたように」という比喩《ひゆ》(直喩)は、続く「その考えが現れた」というようすをたとえており、「その考え」は直前の段落の「自分はあの仕事をやりたくないんだ、自分はあの人が嫌《きら》いなんだという思い」を指している。　②　「潜水艦」が「その考え」(＝自分はあの仕事をやりたくないんだ、自分はあの人が嫌いなんだという思い)を指す比喩だとすると、「海面に浮上」に対応しているのは、──線部３の１行前の「(～思いが)湧《わ》き上がってきた」、１行あとの「(その考えが)現れた」、さらにあとの「(その考えが)意識に現れて」など。「深海(に潜んでいた)」⇔「海面(に浮上してきた)」という対比に、「意識の下にある(無意識)」⇔「意識の上に現れる(意識としてとらえられる)」というイメージを重ねている。

問四①　A．〰〰線部１は、６行前の「偶《ぐう》然、『飢え』を経験」すれば、「『自分は何が食べたいのか』ということが明確になってきます」ということをふまえて「同じこと」と言っている。　B．第１段落と第４段落を比較《ひかく》するとわかるように、「自分は本当は何がしたいんだろう？」という疑問の答えを考えるのに必要なことは、「(本当の意味で)退屈《くつ》すること」。「自分は本当は何が食べたいのか」を考えるために必要な「飢えること」と対応している。　C．〰〰線部１の二つあとの段落で、「保証してもいいのですが～ちゃんと情報を遮《しゃ》断して退屈できたら、あなたは『自分は本当は何がしたいのか？』という手がかりを手に入れられるはずです」と述べているところからまとめる。　②　「彼《かれ》」がやっていることは、「情報を遮断して退屈」することだから、筆者が「自分は本当は何がしたいのか？」という手がかりを手に入れるためにやってみるようすすめていることとほぼ同じであると言える。

問五　マズローのピラミッドとそれに関連した会話は、最後の先生の発言によく表れているように、「欲求」というものの良い側面に目を向け、これを満たすことを肯定《こうてい》している、あるいはすすめていると言える。一方筆者の主張は、もはや食欲が満たされ、便利で情報過多な現代を反映しており、そういう社会の中で、自分や自分の本当にやりたいことを見失わない方法を追究するものである。解答欄《らん》の大きさが限られているので、話題を広げすぎないように注意して、答えるべき内容を上手にまとめよう。

《解答例》

［１］ ⑴まわりに建物や木などの雨をさえぎるものがないこと。／水平であること。　⑵考え方…アの部品の口の直径はイの部品の底の直径の 20÷10＝２(倍)だから，アの部品の口の面積はイの部品の底面積の２×２＝４(倍)である。したがって，イの部分にたまった高さ40㎜の水を，底面積がアの部品の口と同じ容器に入れると，水の高さは$\frac{1}{4}$倍の10㎜になる。　答え…10　⑶雨を集めるときは，集める口の直径が大きいほうがたくさんの雨水が集まる。集まった雨を容器にためるとき，容器の底の直径が大きいと水位が変化しにくいので，水をためる容器は底の直径が小さいものにして水位を変化させやすくすると，集まった水の高さが測定しやすくなる。

［２］ ⑴出てきた固体をうすい塩酸に入れる。／出てきた固体に磁石を近づける。などから１つ　⑵４つの液のにおいをかぐと，アンモニア水だけにおいがする。においのない３つの液を赤色リトマス紙につけると，石灰水をつけたときだけ青色に変化する。残りの２つの液を加熱して水を蒸発させると，食塩水からだけ固体が出てくる。

［３］ ※⑴８個　⑵右図　※⑶ない

※［４］ ⑴得ではない　⑵12日，13日，14日

［５］ ⑴下グラフ　※⑵240　※⑶19秒

［６］ ⑴右図　※⑵14.56 ㎠

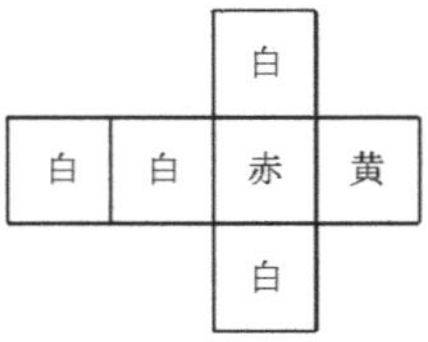

［３］⑵の図

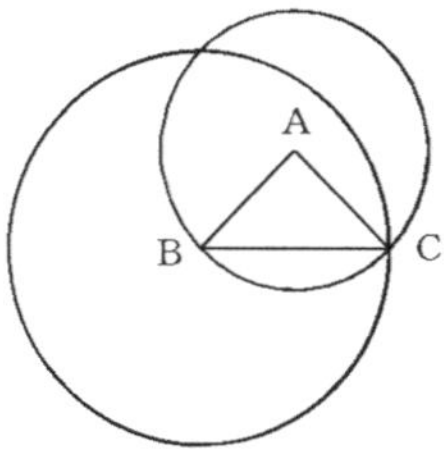

［６］⑴の図

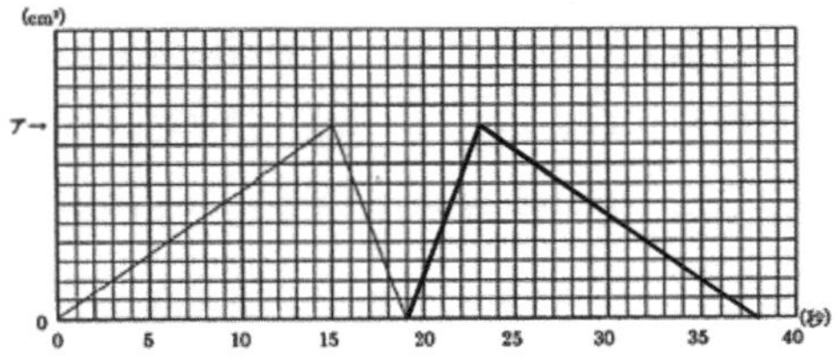

※の式または説明は，解説を参照してください。

《解　説》

［１］

⑵　イの部品の底の半径は５㎝だから，その面積は５×５×3.14＝78.5(㎠)である。イの部分にたまった水の高さが40㎜→４㎝のとき，その体積は78.5×４＝314(㎤)である。アの部品の口の半径は10㎝だから，その面積は10×10×3.14＝314(㎠)であり，この面積を通過した雨の体積が314㎤だから，面積314㎠の範囲《はんい》には高さにすると314(㎤)÷314(㎠)＝１(㎝)→10㎜の雨が降ったことになる。解答例では，集まった水の体積を求めることなく，直径の比を利用して求めているが，結果は同じである。集める口の直径とためる容器の底の直径の比を利用すると，雨量を簡単に求めることができるので，その比が問題の雨量計のように２：１などの簡単な比になっていると，さらに計算はしやすくなる。直径(半径)が２倍になると面積が２×２＝４(倍)になることに注意しよう。

［２］

⑴　出てきた固体は鉄ではないから，塩酸に加えてとかしても泡《あわ》が出ず，また，磁石に引きよせられない。解答例の他にも，出てきた固体が黄色であることや，水にとけることなどからも，もとの鉄とは異なるものであることを確かめることができる。

⑵　食塩水は中性で，とけているものは固体である。石灰水はアルカリ性で，とけているものは固体である。アンモニア水はアルカリ性で，とけているものは気体である。水は中性である。液体の性質を調べるときには，リトマ

ス紙やＢＴＢ液を用いる。リトマス紙は，酸性で青色が赤色へ変化し，アルカリ性で赤色が青色へ変化し，中性ではどちらの色も変化しない。また，ＢＴＢ液は酸性で黄色，中性で緑色，アルカリ性で青色に変化する。他にも，それぞれの水よう液の性質（アンモニア水にはにおいがある，石灰水に息をふきこむと白くにごる，など）を利用して，水よう液を区別することができる。

［３］

⑴　ぬられている面は右図のようになる。赤色にぬられている立方体は９個，赤色にぬられていない立方体のうち，青色にぬられている立方体は６個，赤色にも青色にもぬられていない立方体のうち，黄色にぬられている立方体は４個あるから，どの面も白である立方体は，27－９－６－４＝８（個）である。

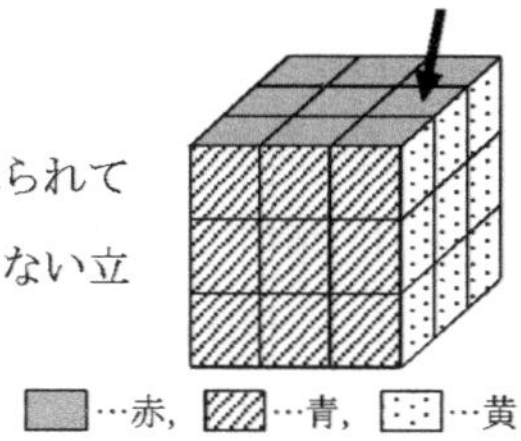

⑵　（３，２，３）で表される立方体は，右図の矢印で示した立方体である。
したがって，色がぬられている面は赤と黄の２面あり，その２面はとなり合っているから，解答例のような展開図などがかける。他にも，組み立てたときに，赤と黄の２面がとなり合う展開図であればよい。

⑶　３色ぬられている立方体は，（３，１，３）で表される立方体のみであり，色がぬられている３つの面は１つの頂点（Ｃ）に集まるから，図２のような展開図にはならない。

［４］

⑴　毎日払うと，電車は往復で 190×２＝380（円）かかるから，14 日通学するとかかる金額は，380×14＝5320（円）である。１か月の定期券が 5500 円だから，毎日払う方が安くなる。

⑵　電車の運賃について，5500÷380＝14 余り 180 より，通学する日数が 14 日以下であれば毎日払う方が安くなり，15 日以上であれば定期券の方が安くなる。駐輪場の利用金額について，1740÷150＝11 余り 90 より，通学する日数が 11 日以下であれば毎日払う方が安くなり，12 日以上であれば定期券の方が安くなる。
したがって，（ア）は駐輪場の定期券があるので 12 日以上，電車の定期券はないので 14 日以下のとき，他の方法より安くなる。

［５］

⑴　同時に動き出してから，19 秒後の三角形ＡＰＱの面積が０㎠となるとき，点Ｐと点Ｑは同じ位置にあるとわかる。点Ｐと点Ｑの動く速さは等しいから，このとき点Ｐと点ＱはＢＣの真ん中にある。したがって，求めるグラフは，19 秒のときを軸とした線対称なグラフとなる。

⑵　アは，15 秒後の三角形ＡＰＱの面積が最大となるときの面積である。15 秒後のとき，点Ｐは頂点Ｂの位置に，点Ｑは頂点Ｃの位置にあり，右図のようになる。
点Ｐが頂点Ａから頂点Ｂまで動くのに 15 秒かかるから，ＡＢ＝２×15＝30（㎝）である。

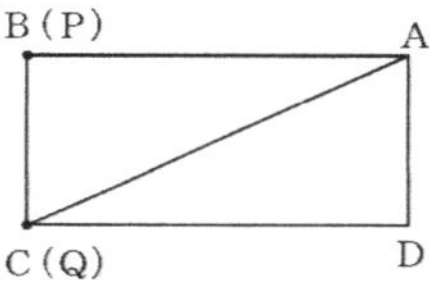

また，⑴より，点Ｐが頂点ＡからＢＣの真ん中まで動くのに 19 秒かかるから，ＢＣの半分の長さが，２×19－30＝８（㎝）なので，ＢＣ＝８×２＝16（㎝）である。よって，アは 30×16÷２＝240 となる。

⑶　長方形ＡＢＣＤの面積は，16×30＝480（㎠）だから，
長方形ＡＢＣＤの面積の$\frac{1}{4}$以下は，480×$\frac{1}{4}$＝120（㎠）以下である。120 ㎠は右図のイの軸であり，０㎠の軸とアの軸の真ん中となる。したがって，右図の同じ記号の線分の長さは等しいから，三角形ＡＰＱの面積が 120 ㎠以下となるのは全体の半分の時間とわかる。よって，求める時間は，38÷２＝19（秒）となる。

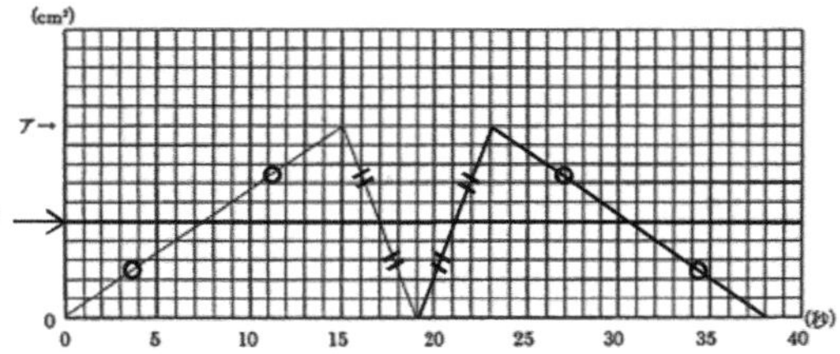

［６］

⑵　右のように作図し，記号をおく。

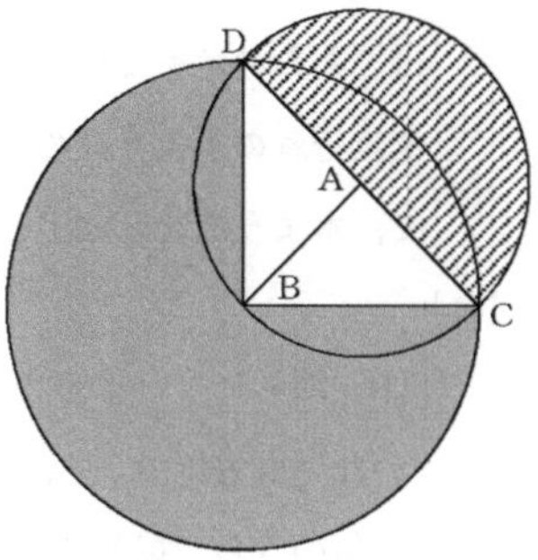

三角形ＡＢＣが直角二等辺三角形だから，三角形ＢＤＣも直角二等辺三角形である。

三角形ＤＢＣの面積は，２×２÷２＝２（㎠）である。

色付きのおうぎ形は，半径がＢＣ＝２㎝，中心角が360－90＝270（度）だから，

その面積は，$2\times2\times3.14\times\frac{270}{360}=3\times3.14$（㎠）である。

しゃ線の半円の半径は，ＡＣ＝ＡＢである。三角形ＡＢＣの面積は，

（三角形ＤＢＣの面積）÷２＝２÷２＝１（㎠）だから，ＡＣ×ＡＢ÷２＝１となり，

ＡＣ×ＡＢ＝１×２＝２となる。したがって，この半円の，（半径）×（半径）＝２だから，

その面積は，２×3.14÷２＝3.14（㎠）である。

よって，求める面積は，２＋３×3.14＋3.14＝２＋（３＋１）×3.14＝２＋12.56＝14.56（㎠）である。

■ ご使用にあたってのお願い・ご注意

（1）問題文等の非掲載

著作権上の都合により，問題文や図表などの一部を掲載できない場合があります。

誠に申し訳ございませんが，ご了承くださいますようお願いいたします。

（2）過去問における時事性

過去問題集は，学習指導要領の改訂や社会状況の変化，新たな発見などにより，現在とは異なる表記や解説になっている場合があります。過去問の特性上，出題当時のままで出版していますので，あらかじめご了承ください。

（3）配点

学校等から配点が公表されている場合は，記載しています。公表されていない場合は，記載していません。

独自の予想配点は，出題者の意図と異なる場合があり，お客様が学習するうえで誤った判断をしてしまう恐れがあるため記載していません。

（4）無断複製等の禁止

購入された個人のお客様が，ご家庭でご自身またはご家族の学習のためにコピーをすることは可能ですが，それ以外の目的でコピー，スキャン，転載（ブログ，ＳＮＳなどでの公開を含みます）などをすることは法律により禁止されています。学校や学習塾などで，児童生徒のためにコピーをして使用することも法律により禁止されています。

ご不明な点や，違法な疑いのある行為を確認された場合は，弊社までご連絡ください。

（5）けがに注意

この問題集は針を外して使用します。針を外すときは，けがをしないように注意してください。また，表紙カバーや問題用紙の端で手指を傷つけないように十分注意してください。

（6）正誤

制作には万全を期しておりますが，万が一誤りなどがございましたら，弊社までご連絡ください。

なお，誤りが判明した場合は，弊社ウェブサイトの「ご購入者様のページ」に掲載しておりますので，そちらもご確認ください。

■ お問い合わせ

解答例，解説，印刷，製本など，問題集発行におけるすべての責任は弊社にあります。

ご不明な点がございましたら，弊社ウェブサイトの「お問い合わせ」フォームよりご連絡ください。迅速に対応いたしますが，営業日の都合で回答に数日を要する場合があります。

ご入力いただいたメールアドレス宛に自動返信メールをお送りしています。自動返信メールが届かない場合は，「よくある質問」の「メールの問い合わせに対し返信がありません。」の項目をご確認ください。

また弊社営業日（平日）は，午前９時から午後５時まで，電話でのお問い合わせも受け付けています。

2025 春

教英出版

株式会社教英出版
〒422-8054　静岡県静岡市駿河区南安倍３丁目 12-28
TEL　054-288-2131　　FAX　054-288-2133
URL　https://kyoei-syuppan.net/
MAIL siteform@kyoei-syuppan.net

教英出版　2025年春受験用　中学入試問題集

学校別問題集

✿はカラー問題対応

北海道

①［市立］札幌開成中等教育学校
②藤女子中学校
③北嶺中学校
④北星学園女子中学校
⑤札幌大谷中学校
⑥札幌光星中学校
⑦立命館慶祥中学校
⑧函館ラ・サール中学校

青森県

①［県立］三本木高等学校附属中学校

岩手県

①［県立］一関第一高等学校附属中学校

宮城県

①［県立］宮城県古川黎明中学校
②［県立］宮城県仙台二華中学校
③［市立］仙台青陵中等教育学校
④東北学院中学校
⑤仙台白百合学園中学校
⑥聖ウルスラ学院英智中学校
⑦宮城学院中学校
⑧秀光中学校
⑨古川学園中学校

秋田県

①［県立］大館国際情報学院中学校／秋田南高等学校中等部／横手清陵学院中学校

山形県

①［県立］東桜学館中学校／致道館中学校

福島県

①［県立］会津学鳳中学校／ふたば未来学園中学校

茨城県

①［県立］日立第一高等学校附属中学校／太田第一高等学校附属中学校／水戸第一高等学校附属中学校／鉾田第一高等学校附属中学校／鹿島高等学校附属中学校／土浦第一高等学校附属中学校／竜ケ崎第一高等学校附属中学校／下館第一高等学校附属中学校／下妻第一高等学校附属中学校／水海道第一高等学校附属中学校／勝田中等教育学校／並木中等教育学校／古河中等教育学校

栃木県

①［県立］宇都宮東高等学校附属中学校／佐野高等学校附属中学校／矢板東高等学校附属中学校

群馬県

①［県立］中央中等教育学校／［市立］四ツ葉学園中等教育学校／［市立］太田中学校

埼玉県

①［県立］伊奈学園中学校
②［市立］浦和中学校
③［市立］大宮国際中等教育学校
④［市立］川口市立高等学校附属中学校

千葉県

①［県立］千葉中学校／東葛飾中学校
②［市立］稲毛国際中等教育学校

東京都

①［国立］筑波大学附属駒場中学校
②［都立］白鷗高等学校附属中学校
③［都立］桜修館中等教育学校
④［都立］小石川中等教育学校
⑤［都立］両国高等学校附属中学校
⑥［都立］立川国際中等教育学校
⑦［都立］武蔵高等学校附属中学校
⑧［都立］大泉高等学校附属中学校
⑨［都立］富士高等学校附属中学校
⑩［都立］三鷹中等教育学校
⑪［都立］南多摩中等教育学校
⑫［区立］九段中等教育学校
⑬開成中学校
⑭麻布中学校
⑮桜蔭中学校
⑯女子学院中学校
✿⑰豊島岡女子学園中学校
⑱東京都市大学等々力中学校
⑲世田谷学園中学校
✿⑳広尾学園中学校（第2回）
✿㉑広尾学園中学校（医進・サイエンス回）
㉒渋谷教育学園渋谷中学校（第1回）
㉓渋谷教育学園渋谷中学校（第2回）
㉔東京農業大学第一高等学校中等部（2月1日 午後）
㉕東京農業大学第一高等学校中等部（2月2日 午後）

神奈川県

①[県立]相模原中等教育学校
　　　　平塚中等教育学校
②[市立]南高等学校附属中学校
③[市立]横浜サイエンスフロンティア高等学校附属中学校
④[市立]川崎高等学校附属中学校
✿⑤聖光学院中学校
✿⑥浅野中学校
⑦洗足学園中学校
⑧法政大学第二中学校
⑨逗子開成中学校（1次）
⑩逗子開成中学校（2･3次）
⑪神奈川大学附属中学校（第1回）
⑫神奈川大学附属中学校（第2･3回）
⑬栄光学園中学校
⑭フェリス女学院中学校

新潟県

①[県立]村上中等教育学校
　　　　柏崎翔洋中等教育学校
　　　　燕中等教育学校
　　　　津南中等教育学校
　　　　直江津中等教育学校
　　　　佐渡中等教育学校
②[市立]高志中等教育学校
③新潟第一中学校
④新潟明訓中学校

石川県

①[県立]金沢錦丘中学校
②星稜中学校

福井県

①[県立]高志中学校

山梨県

①山梨英和中学校
②山梨学院中学校
③駿台甲府中学校

長野県

①[県立]屋代高等学校附属中学校
　　　　諏訪清陵高等学校附属中学校
②[市立]長野中学校

岐阜県

①岐阜東中学校
②鶯谷中学校
③岐阜聖徳学園大学附属中学校

静岡県

①[国立]静岡大学教育学部附属中学校
　　　　（静岡･島田･浜松）
②[県立]清水南高等学校中等部
　[県立]浜松西高等学校中等部
　[市立]沼津高等学校中等部
③不二聖心女子学院中学校
④日本大学三島中学校
⑤加藤学園暁秀中学校
⑥星陵中学校
⑦東海大学付属静岡翔洋高等学校中等部
⑧静岡サレジオ中学校
⑨静岡英和女学院中学校
⑩静岡雙葉中学校
⑪静岡聖光学院中学校
⑫静岡学園中学校
⑬静岡大成中学校
⑭城南静岡中学校
⑮静岡北中学校
⑯常葉大学附属常葉中学校
　常葉大学附属橘中学校
　常葉大学附属菊川中学校
⑰藤枝明誠中学校
⑱浜松開誠館中学校
⑲静岡県西遠女子学園中学校
⑳浜松日体中学校
㉑浜松学芸中学校

愛知県

①[国立]愛知教育大学附属名古屋中学校
②愛知淑徳中学校
③名古屋経済大学市邨中学校
　名古屋経済大学高蔵中学校
④金城学院中学校
⑤椙山女学園中学校
⑥東海中学校
⑦南山中学校男子部
⑧南山中学校女子部
⑨聖霊中学校
⑩滝中学校
⑪名古屋中学校
⑫大成中学校
⑬愛知中学校
⑭星城中学校
⑮名古屋葵大学中学校
　（名古屋女子大学中学校）
⑯愛知工業大学名電中学校
⑰海陽中等教育学校（特別給費生）
⑱海陽中等教育学校（Ⅰ･Ⅱ）
⑲中部大学春日丘中学校
新刊⑳名古屋国際中学校

三重県

①[国立]三重大学教育学部附属中学校
②暁中学校
③海星中学校
④四日市メリノール学院中学校
⑤高田中学校
⑥セントヨゼフ女子学園中学校
⑦三重中学校
⑧皇學館中学校
⑨鈴鹿中等教育学校
⑩津田学園中学校

滋賀県

①[国立]滋賀大学教育学部附属中学校
②[県立]河瀬中学校
　　　　守山中学校
　　　　水口東中学校

京都府

①[国立]京都教育大学附属桃山中学校
②[府立]洛北高等学校附属中学校
③[府立]園部高等学校附属中学校
④[府立]福知山高等学校附属中学校
⑤[府立]南陽高等学校附属中学校
⑥[市立]西京高等学校附属中学校
⑦同志社中学校
⑧洛星中学校
⑨洛南高等学校附属中学校
⑩立命館中学校
⑪同志社国際中学校
⑫同志社女子中学校（前期日程）
⑬同志社女子中学校（後期日程）

大阪府

①[国立]大阪教育大学附属天王寺中学校
②[国立]大阪教育大学附属平野中学校
③[国立]大阪教育大学附属池田中学校

④[府立]富田林中学校
⑤[府立]咲くやこの花中学校
⑥[府立]水都国際中学校
⑦清風中学校
⑧高槻中学校（A日程）
⑨高槻中学校（B日程）
⑩明星中学校
⑪大阪女学院中学校
⑫大谷中学校
⑬四天王寺中学校
⑭帝塚山学院中学校
⑮大阪国際中学校
⑯大阪桐蔭中学校
⑰開明中学校
⑱関西大学第一中学校
⑲近畿大学附属中学校
⑳金蘭千里中学校
㉑金光八尾中学校
㉒清風南海中学校
㉓帝塚山学院泉ヶ丘中学校
㉔同志社香里中学校
㉕初芝立命館中学校
㉖関西大学中等部
㉗大阪星光学院中学校

兵庫県

①[国立]神戸大学附属中等教育学校
②[県立]兵庫県立大学附属中学校
③雲雀丘学園中学校
④関西学院中学部
⑤神戸女学院中学部
⑥甲陽学院中学校
⑦甲南中学校
⑧甲南女子中学校
⑨灘中学校
⑩親和中学校
⑪神戸海星女子学院中学校
⑫滝川中学校
⑬啓明学院中学校
⑭三田学園中学校
⑮淳心学院中学校
⑯仁川学院中学校
⑰六甲学院中学校
⑱須磨学園中学校(第1回入試)
⑲須磨学園中学校(第2回入試)
⑳須磨学園中学校(第3回入試)
㉑白陵中学校
㉒夙川中学校

奈良県

①[国立]奈良女子大学附属中等教育学校
②[国立]奈良教育大学附属中学校
③[県立] 国際中学校
　　　　青翔中学校
④[市立]一条高等学校附属中学校
⑤帝塚山中学校
⑥東大寺学園中学校
⑦奈良学園中学校
⑧西大和学園中学校

和歌山県

①[県立] 古佐田丘中学校
　　　　向陽中学校
　　　　桐蔭中学校
　　　　日高高等学校附属中学校
　　　　田辺中学校
②智辯学園和歌山中学校
③近畿大学附属和歌山中学校
④開智中学校

岡山県

①[県立]岡山操山中学校
②[県立]倉敷天城中学校
③[県立]岡山大安寺中等教育学校
④[県立]津山中学校
⑤岡山中学校
⑥清心中学校
⑦岡山白陵中学校
⑧金光学園中学校
⑨就実中学校
⑩岡山理科大学附属中学校
⑪山陽学園中学校

広島県

①[国立]広島大学附属中学校
②[国立]広島大学附属福山中学校
③[県立]広島中学校
④[県立]三次中学校
⑤[県立]広島叡智学園中学校
⑥[市立]広島中等教育学校
⑦[市立]福山中学校
⑧広島学院中学校
⑨広島女学院中学校
⑩修道中学校
⑪崇徳中学校
⑫比治山女子中学校
⑬福山暁の星女子中学校
⑭安田女子中学校
⑮広島なぎさ中学校
⑯広島城北中学校
⑰近畿大学附属広島中学校福山校
⑱盈進中学校
⑲如水館中学校
⑳ノートルダム清心中学校
㉑銀河学院中学校
㉒近畿大学附属広島中学校東広島校
㉓AICJ中学校
㉔広島国際学院中学校
㉕広島修道大学ひろしま協創中学校

山口県

①[県立] 下関中等教育学校
　　　　高森みどり中学校
②野田学園中学校

徳島県

①[県立] 富岡東中学校
　　　　川島中学校
　　　　城ノ内中等教育学校
②徳島文理中学校

香川県

①大手前丸亀中学校
②香川誠陵中学校

愛媛県

①[県立] 今治東中等教育学校
　　　　松山西中等教育学校
②愛光中学校
③済美平成中等教育学校
④新田青雲中等教育学校

高知県

①[県立] 安芸中学校
　　　　高知国際中学校
　　　　中村中学校

福岡県

①[国立]福岡教育大学附属中学校(福岡・小倉・久留米)

②[県立]
- 育徳館中学校
- 門司学園中学校
- 宗像中学校
- 嘉穂高等学校附属中学校
- 輝翔館中等教育学校

③西南学院中学校
④上智福岡中学校
⑤福岡女学院中学校
⑥福岡雙葉中学校
⑦照曜館中学校
⑧筑紫女学園中学校
⑨敬愛中学校
⑩久留米大学附設中学校
⑪飯塚日新館中学校
⑫明治学園中学校
⑬小倉日新館中学校
⑭久留米信愛中学校
⑮中村学園女子中学校
⑯福岡大学附属大濠中学校
⑰筑陽学園中学校
⑱九州国際大学付属中学校
⑲博多女子中学校
⑳東福岡自彊館中学校
㉑八女学院中学校

佐賀県

①[県立]
- 香楠中学校
- 致遠館中学校
- 唐津東中学校
- 武雄青陵中学校

②弘学館中学校
③東明館中学校
④佐賀清和中学校
⑤成穎中学校
⑥早稲田佐賀中学校

長崎県

①[県立]
- 長崎東中学校
- 佐世保北中学校
- 諫早高等学校附属中学校

②青雲中学校
③長崎南山中学校
④長崎日本大学中学校
⑤海星中学校

熊本県

①[県立]
- 玉名高等学校附属中学校
- 宇土中学校
- 八代中学校

②真和中学校
③九州学院中学校
④ルーテル学院中学校
⑤熊本信愛女学院中学校
⑥熊本マリスト学園中学校
⑦熊本学園大学付属中学校

大分県

①[県立]大分豊府中学校
②岩田中学校

宮崎県

①[県立]五ヶ瀬中等教育学校

②[県立]
- 宮崎西高等学校附属中学校
- 都城泉ヶ丘高等学校附属中学校

③宮崎日本大学中学校
④日向学院中学校
⑤宮崎第一中学校

鹿児島県

①[県立]楠隼中学校
②[市立]鹿児島玉龍中学校
③鹿児島修学館中学校
④ラ・サール中学校
⑤志學館中等部

沖縄県

①[県立]
- 与勝緑が丘中学校
- 開邦中学校
- 球陽中学校
- 名護高等学校附属桜中学校

もっと過去問シリーズ

北海道

北嶺中学校
7年分(算数・理科・社会)

静岡県

静岡大学教育学部附属中学校
(静岡・島田・浜松)
10年分(算数)

愛知県

愛知淑徳中学校
7年分(算数・理科・社会)
東海中学校
7年分(算数・理科・社会)
南山中学校男子部
7年分(算数・理科・社会)
南山中学校女子部
7年分(算数・理科・社会)
滝中学校
7年分(算数・理科・社会)
名古屋中学校
7年分(算数・理科・社会)

岡山県

岡山白陵中学校
7年分(算数・理科)

広島県

広島大学附属中学校
7年分(算数・理科・社会)
広島大学附属福山中学校
7年分(算数・理科・社会)
広島学院中学校
7年分(算数・理科・社会)
広島女学院中学校
7年分(算数・理科・社会)
修道中学校
7年分(算数・理科・社会)
ノートルダム清心中学校
7年分(算数・理科・社会)

愛媛県

愛光中学校
7年分(算数・理科・社会)

福岡県

福岡教育大学附属中学校
(福岡・小倉・久留米)
7年分(算数・理科・社会)
西南学院中学校
7年分(算数・理科・社会)
久留米大学附設中学校
7年分(算数・理科・社会)
福岡大学附属大濠中学校
7年分(算数・理科・社会)

佐賀県

早稲田佐賀中学校
7年分(算数・理科・社会)

長崎県

青雲中学校
7年分(算数・理科・社会)

鹿児島県

ラ・サール中学校
7年分(算数・理科・社会)

※もっと過去問シリーズは
国語の収録はありません。

教英出版
〒422-8054
静岡県静岡市駿河区南安倍3丁目12-28
TEL 054-288-2131
FAX 054-288-2133
詳しくは教英出版で検索
教英出版 検索
URL https://kyoei-syuppan.net/

奈良女子大学附属中等教育学校
（6枚中の1）

表現Ⅰの問題
（60分）

令和6年度　入学適性検査

〔一〕　次の文章を読み、後の問いに答えなさい。

ある言語が消えるということは、ある民族、文化の記憶《きおく》が失われることだ。世界を織りなす多彩《たさい》な文様が失われていくことでもある。このような危機感に根ざして、ユネスコは「言語の多様性」を守る運動を進めている。

世界には現在、約七〇〇〇の言語があるとされ、その半数が今世紀中に消滅《しょうめつ》してしまうと予測されている。

1日本の言語・方言の中にも、ユネスコが「消滅の危機にある言語」としてあげているものがいくつかある。

・極《きわ》めて深刻　アイヌ語
・重大な危機　八重山《やえやま》語・与那国《よなぐに》語
・危険　沖縄《おきなわ》語など

ユネスコでは「言語」と「方言」とを区別せず、すべて「言語」で統一しているが、日本国内では一般《いっぱん》的に、アイヌ語以外は「八重山方言」「与那国方言」「沖縄方言」と呼ばれ、「方言」に区分される。八重山方言・与那国方言・沖縄方言はいずれも、沖縄島や八重山列島など2沖縄県の島々で話される言葉で、「方言」に区分されてはいるものの、ドイツ語とオランダ語の違《ちが》いよりも、日本語と沖縄方言の違いのほうが大きく、方言というより、独立した言語であるともいわれている。

アイヌ語や沖縄方言の独自性を理解するには、北海道や沖縄が、明治時代に日本の国土に組みこまれた土地であることを考える必要がある。江戸《えど》時代までの北海道や沖縄は、それぞれ「蝦夷地《えぞち》」や「琉球《りゅうきゅう》」として独自の文化をもつ地域であった。たとえば3蝦夷地では、明治政府がこの地を北海道と改め、アイヌの人たちに日本語を使用することや日本式の名前を名のることを求めた。これは国民を一つにまとめるという当時の政府の国づくりの

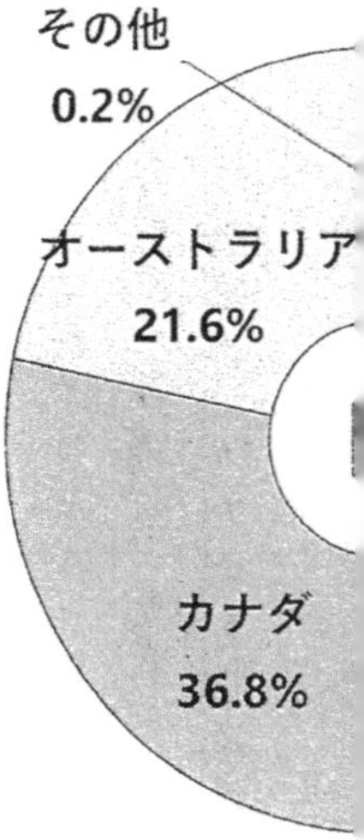

財務省貿易統計・農林水産省統計より作成

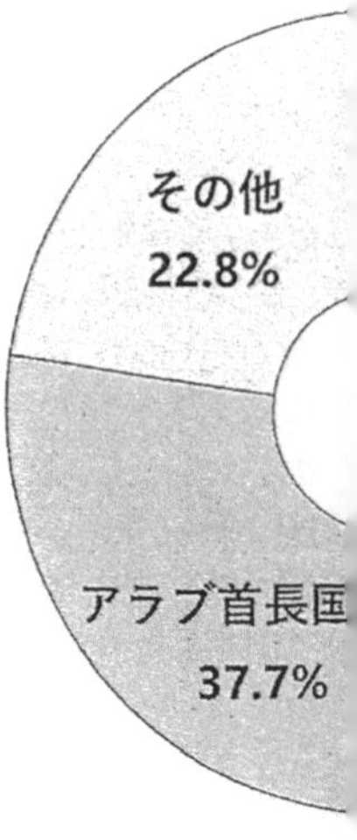

表現Ⅰの問題

［二］次の文章を読んで、後の問いに答えなさい。

小岩井《こいわい》農場の北に、黒い松の森が四つあります。いちばん南が狼森《おいのもり》で、その次が笊森《ざるもり》、次は黒坂森《くろさかもり》、北のはずれは盗森《ぬすともり》です。

この森がいつごろどうしてできたのか、どうしてこんな奇体《きたい》な名前がついたのか、それをいちばんはじめから、すっかり知っているものは、おれ一人だと黒坂森のまんなかのおおきな岩が、ある日、いばってこのおはなしをわたくしに聞かせました。

ずうっと昔、岩手山が、何べんも噴火《ふんか》しました。その灰でそこらはすっかり埋《う》まりました。このまっ黒なおおきな岩も、やっぱり山からはね飛ばされて、今のところに落ちて来たのだそうです。

噴火がやっとしずまると、野原や丘《おか》には、穂《ほ》のある草や穂のない草が、南の方からだんだん生えて、とうとうそこらいっぱいになり、それから柏《かしわ》や松も生え出し、しまいに、いまの四つの森ができました。けれども森にはまだ名前もなく、めいめい勝手に、[1]おれはおれだと思っているだけでした。するとある年の秋、水のようにつめたいすきとおる風が、柏の枯《か》れ葉をさらさら鳴らし、[2]岩手山の銀のかんむりには、雲の影《かげ》がくっきり黒くうつっている日でした。

四人の、みのを着た百姓《ひゃくしょう》たちが、山刀《なた》や三本鍬《さんぼんぐわ》や唐鍬《とうぐわ》や、すべて山と野原の[a]ブキを堅《かた》くからだにしばりつけて、のっしのっしと、この森にかこまれた小さな野原にやって来ました。よくみるとみんな大きな刀もさしていたのです。

先頭の百姓が、そこらの幻灯《げんとう》のようなけしきを、みんなにあちこち指さして

「どうだ。いいとこだろう。畑はすぐおこせるし、森は近いし、きれいな水もながれている。それに日あたりもいい。どうだ、俺《おれ》はもう早くから、ここと決めて置いたんだ。」といいますと、一人の百姓は、

「しかし地味《ちみ》はどうかな。」と言いながら、屈《かが》んで一本のすすきを引き抜《ぬ》いて、その根から土をてのひらにふるい落として、しばらく指でこねたり、ちょっとなめてみたりしてから言いました。

「うん。地味もひどくよくはないが、またひどく悪くもないな。」

「さあ、それではいよいよここときめるか。」

「よし、そう決めよう。」いままでだまって立っていた、四人目の百姓がいいました。

四人はそこでよろこんで、せなかの荷物をどしんとおろして、それから来た方へ向いて、高くさけびました。

きな方へ向いて、いっしょにたかくさけびました。
「おらの道具知らないかあ。」
「知らないぞお。」と森は一ぺんにこたえました。
「さがしに行くぞお。」とみんなはさけびました。
「来ーい。」と森は一斉に答えました。
みんなは、こんどはなんにも持たないで、ぞろぞろ西の方の笊森に行きました。そしてだんだん森の奥へ入って行きますと、一本の古い柏の木の下に、木の枝であんだ大きな笊がふせてありました。
「こいつはどうもあやしいぞ。笊森の笊はもっともだが、中には何があるかわからない。一つあけて見よう。」といいながらそれをあけて見ますと、中には無くなった農具が九つとも、ちゃんとはいっていました。
それどころではなく、まんなかには、黄金色《こがね》の目をした、顔のまっかな山男が、あぐらをかいて座っていました。
そしてみんなを見ると、大きな口をあけてバアといいました。
こどもらはさけんで逃げ出そうとしましたが、大人はびくともしないで、声をそろえて言いました。
「山男、これからいたずら止めてけろよ。くれぐれ頼《たの》むぞ、これからいたずら止めてけろよ。」
山男は、たいへん恐縮《きょうしゅく》したように、頭をかいて立っておりました。みんなはてんでに、自分の農具を取って、森を出て行こうとしました。
すると森の中で、さっきの山男が、
「おらさも粟もち持って来てけろよ。」とさけんでくるりと向こうを向いて、手で頭をかくして、森のもっと奥へ走って行きました。
みんなは、あっはあっはと笑って、うちへ帰りました。そしてまた粟もちをこしらえて、狼森と笊森に持って行って置いてきました。
次の年の夏になりました。平らなところはもうみんな畑です。家には小屋がついたり、大きな納屋《なや》ができたりしました。その秋のとりいれのみんなのよろこびは、とても大へんなものでした。
今年こそは、どんな大きな粟もちをこさえても、大丈夫《だいじょうぶ》だとおもったのです。
そこで、やっぱり不思議なことがおこりました。

表現Ⅰの問題

ある霜《しも》の一面に置いた朝、納屋のなかの粟が、みんな無くなっていました。みんなはまるで気が気でなく、一生懸命、そのあたりをかけまわりましたが、どこにも粟は、一粒《ひとつぶ》もこぼれていませんでした。

みんなはがっかりして、てんでにすきな方へ向いてさけびました。

「おらの粟知らないかあ。」

「知らないぞお。」森は一ぺんにこたえました。

「さがしに行くぞ。」とみんなはさけびました。

「来ーい。」と森は一斉にこたえました。

みんなは、こんどは北の黒坂森の入口に来て言いました。

「粟を返してけろ。粟を返してけろ。」

黒坂森は形を出さないで、声だけでこたえました。

「おれはあけ方、まっ黒な大きな足が、空を北へとんで行くのを見た。もう少し北の方へ行って見ろ。」そして粟もちのことなどは、一言もいわなかったそうです。

さてみんなは黒坂森のいうことがもっともだと思って、もう少し北へ行きました。

それこそは、松のまっ黒な盗森でした。ですからみんなも、「名からして盗人《ぬすっと》くさい。」といいながら、森へ入って行って、「さあ粟返せ。粟返せ。」とどなりました。

すると森の奥から、まっくろな手の長い大きな大きな男が出て来て、まるでさけるような声でいいました。

「何だと。おれを盗人だと。そういうやつは、みんなたたきつぶしてやるぞ。ぜんたい何の証拠《しょうこ》があるんだ。」

「証人がある。証人がある。」とみんなはこたえました。

「だれだ。そんなこと言うやつはだれだ。」と盗森は咆《ほ》えました。

「黒坂森だ。」と、みんなもeマけずにさけびました。

「あいつのいうことはてんであてにならん。ならん。ならん。ならんぞ。」と盗森はどなりました。

みんなももっともだと思ったり、恐《おそ》ろしくなったりしておたがいに顔を見合せて逃げ出そうとしました。

するとにわかに頭の上で、

「いやいや、それはならん。」というはっきりした厳《おごそ》かな声がしました。

［三］次の文章は、クマの被《ひ》害が多くなっていることを知らせる新聞記事です。この記事を読んで後の問いに答えなさい。

全国のクマ被害、過去最悪に

今年のクマの目撃《もくげき》件数や被害件数が、過去最悪の多さとなる予想であることが環境《かんきょう》省から発表された。

人がクマによってケガをした件数は50件をこえており、さらに増えると予想されている。

インターネット上では、「山中に建設されたソーラー発電の施設《しせつ》が増えていることにより、クマが住みかを追い出されているのでは？」という情報が飛びかっている。

クマの生態にくわしい専門家は、「ソーラー発電の施設は、クマの住みかには建設されていない。根拠《こんきょ》のない情報ではないか。ここまで被害が広がっている原因は、ひとつだけではなく、いくつか考えられる」と話している。

人里にクマが出没《しゅつぼつ》するのはなぜ？

理由	・過疎《かそ》化により山間地に人が住まなくなりクマの生息地が広がった。 ・生ごみや野菜、果実などが田畑に放置されてクマを引きよせている。

問一　インターネット上の情報について、専門家は「根拠のない情報」と言っています。この記事の内容に限らず、インターネット上の情報が正しいかどうかを確かめるために、あなたはどうしたらよいと考えますか。あなたの考えを書きなさい。

問二　クマの被害をおさえるためには、どのような方法を取ったらよいと考えますか。記事の内容をふまえて、あなたの意見を書きなさい。

表現Ⅱの問題　(60分)

計算問題では，答えだけでなく，計算式や途《と》中の計算も解答用紙に書きなさい。
必要な場合は，単位をつけて答えなさい。
円周率を用いる場合は，3.14としなさい。

［１］図１のように，空気でっぽうで前玉を飛ばしたとき，前玉が筒《つつ》からでたあとに筒の付近に一瞬《しゅん》，霧《きり》ができることがあります。この現象について考えていきます。下の問いに答えなさい。

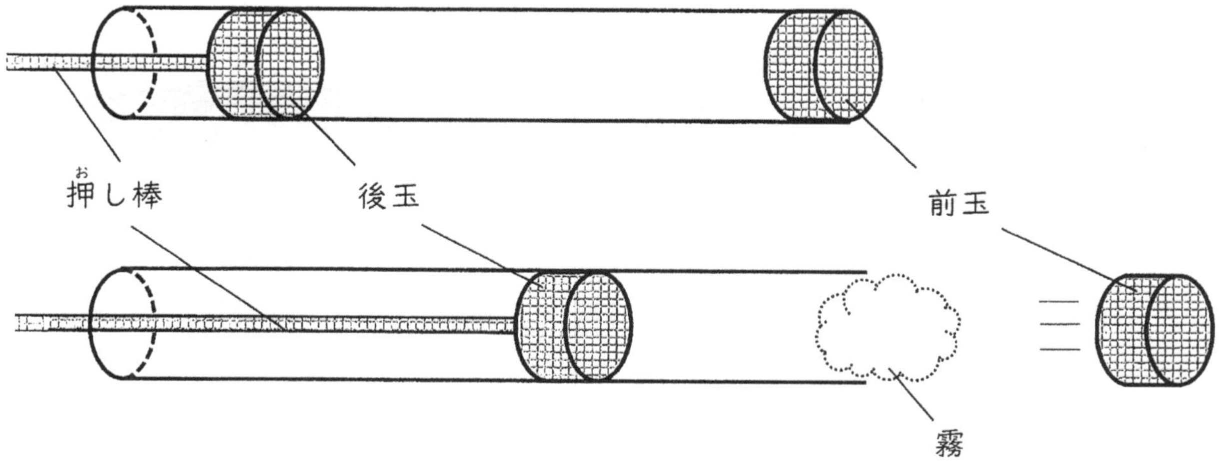

図１　空気でっぽうで前玉を飛ばしたあとに霧ができるようす

表現Ⅱの問題

［２］時間がたつと，かげの長さと向きがどのように変わるのかを調べるため，Ａさんは附《ふ》属中等教育学校のグラウンドに長さ１ｍの棒を用いて図１のような装置をつくりました。実験ではもぞう紙を水平な地面に置き，東・西・南・北の方位に合わせて記録をおこないました。８月31日の午前８時から午後４時までの間，１時間ごとに棒のかげを図２のように記録しました。なお，この日は一日中ほとんど雲のない晴れた天気でした。

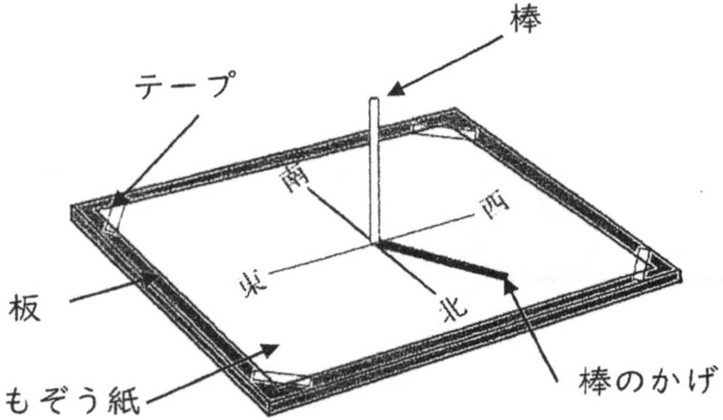

図１　実験装置のようす

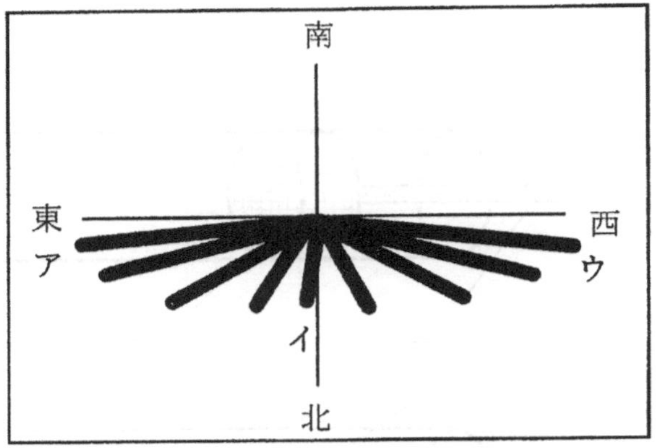

図２　記録した１時間ごとの棒のかげ

Ａさんは観察する前に，かげができる向きは毎時間15度ずつ変化するのではないかと予想しました。しかし，実際には１時間ごとのかげの長さと向きの変化（角度が何度変化したか）は下の表に示す結果となりました。

表　観察した結果

表現Ⅱの問題

［３］ 右の図のような形をしたランニングコースがあります。このコースは，ア，イ，ウの長方形の部分とＡ，Ｂ，Ｃの部分でできています。Ａ，Ｂ，Ｃはすべて，半径５１ｍのおうぎ形から，同じ中心で半径４７ｍのおうぎ形を除いた形です。また，コースの外側の線から内に１ｍのところにある点線の長さは一周８００ｍです。

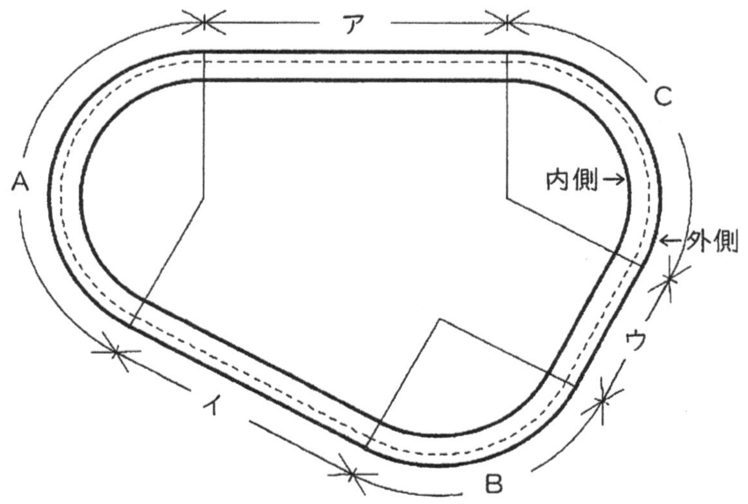

（１） コースの外側の線の長さは，内側の線の長さと比べて，どれだけ長いですか。

（２） このコースの面積を求めなさい。

［４］ おもてにＦの文字が書かれた正六角形のカードがあります。正六角形の各辺にあるすべての点は，辺の真ん中にあります。このカードを，中心と，正六角形の頂点または辺の真ん中の点を通る軸《じく》でひっくり返す操作をします。

（１） 下の図のように，点線を軸にして，操作を２回したあと，Ｆはどのようになっていますか。解答用紙にかきなさい。ただし，Ｆの文字の太さや大きさは問いません。

表現Ⅱの問題

［５］ マスの中に整数を１から順に反時計回りにうずをまくように並べます。右の図は１から25までの整数を並べたようすを表しています。次に，素数が入っているマスに○をかきます。素数とは，約数が２個である整数のことです。例えば，５の約数は１と５なので，５は素数です。６の約数は１と２と３と６があるので，６は素数ではありません。

	17	16	15	14	13	
	18	⑤	4	3	12	
	19	6	1	2	11	
	20	7	8	9	10	
	21	22	23	24	25	↑
						A

（１） 右の図の範《はん》囲で，素数はどれですか。解答用紙のマスに○をかきなさい。

（２） １のマスから右下に並んだ数を抜《ぬ》き出すと，１，９，25，…となっています。

① 25の右下のＡのマスの数を答えなさい。

② 抜き出した数が入ったどのマスにも○がつきません。その理由を説明しなさい。

［６］ 下の図は，直線上で図形アを固定し，図形イを一定の速さで右にすべらせていくときのようすを表しています。アはたて６cm，よこ８cmの長方形で，イは一辺５cmの正方形から小さな正方形を切り取った図形です。グラフは，アとイが重なりはじめてからの時間と，重なる部分の面積との関係を表したものです。

受検番号

令和6年度　入学適性検査

（2枚中の1）

表現Ⅰの解答用紙

［一］

問一

時代

説明

問二

問三

問六

ウ

エ

オ

〔三〕

問一

問二

（このらんに書いてはいけません）

A

B

C

D

E

F

G

H

I

令和６年度　入学適性検査

受検番号

（2枚中の1）

表現Ⅱの解答用紙

この欄《らん》に書いては
いけません

［1］	（1）	
	（2）	
	（3）	

A	
B	
C	
D	

令和６年度　入学適性検査

受検番号

（２枚中の２　表）

表現Ⅱの解答用紙

この欄に書いては
いけません

G	
H	
I	
J	

［3］	（1）式または説明 答え
	（2）式または説明

令和６年度　入学適性検査

表現Ⅱの解答用紙

（２枚中の２　裏）

この欄に書いては
いけません

［5］

（1）

17	16	15	14	13
18	⑤	4	3	12
19	6	1	2	11
20	7	8	9	10
21	22	23	24	25

（2）① 答え

（2）② 説明

L	
M	
N	

［6］ （1） 式または説明

答え

（２）式または説明

答え

（３）式または説明

答え

O	
P	
Q	

答え

[4]

(1)

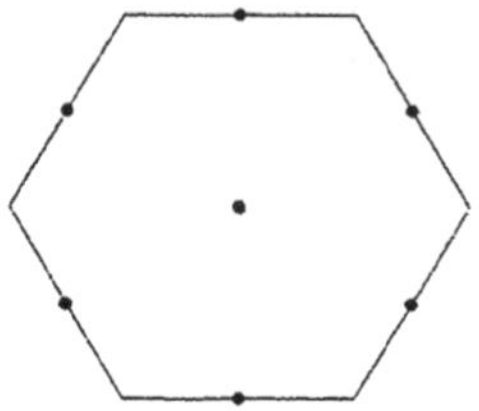

(2)

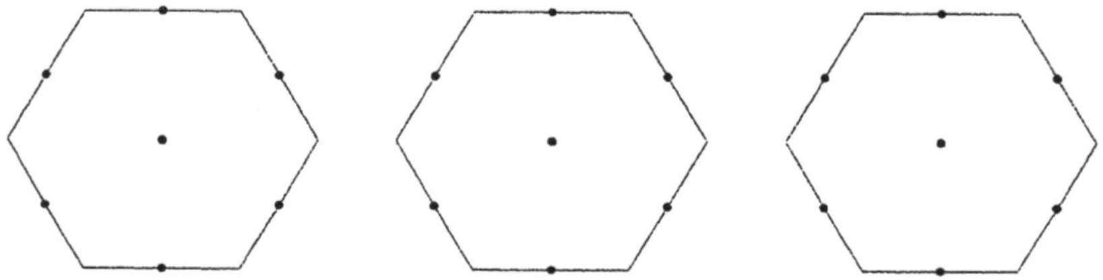

(3)

K

[2]		
	(1)	
	(2)	
	(3)	

E	
F	

※100点満点
（配点非公表）

受検番号

令和6年度　入学適性検査

表現Ⅰの解答用紙

（2枚中の2）

［二］

問一

a

b

c

d

e

問二

問三

問四

問五

ア

問四

(1)

(2)

問五

(1)

(2)

どちらかを〇で囲む

原油・小麦

A

B

C

D

E

（このらんに書いてはいけません）

※100点満点
（配点非公表）

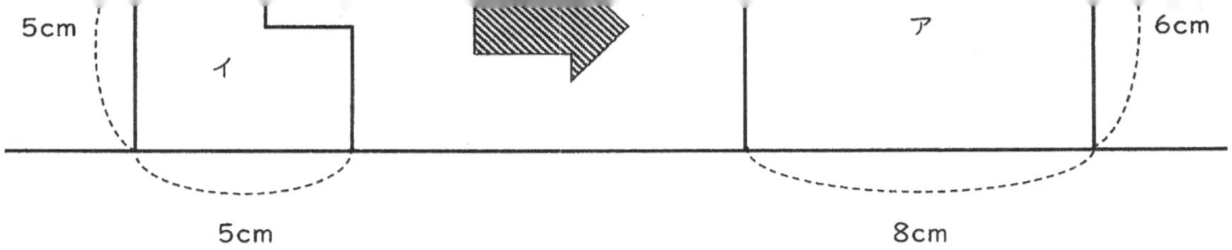

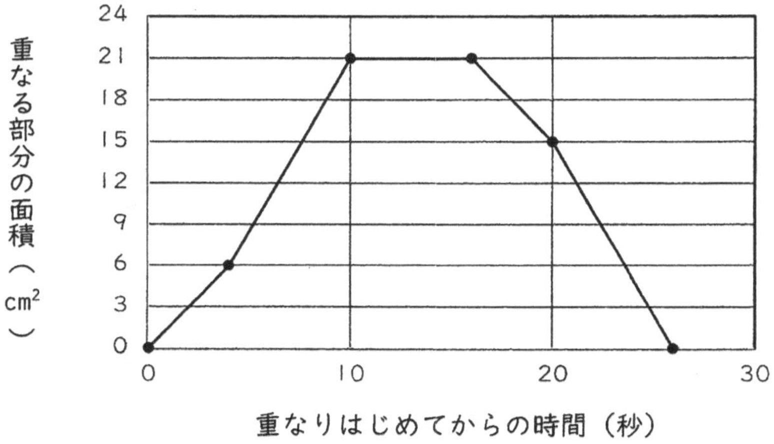

（１） イの動く速さは毎秒何 cm ですか。

（２） イの切り取った小さな正方形の一辺の長さは何 cm ですか。

（３） アとイの重なる部分の面積が $12cm^2$ になるのは，重なりはじめてから何秒後ですか。すべて答えなさい。

（２） 操作を２回したあと，カードが下の図のようになるのは，１回目と２回目の軸をそれぞれどこにした場合ですか。３通り答えなさい。ただし，軸を１回目と２回目で入れかえても結果は同じになるので，区別しません。２本の軸は，例のように同じ正六角形に直線でかきなさい。

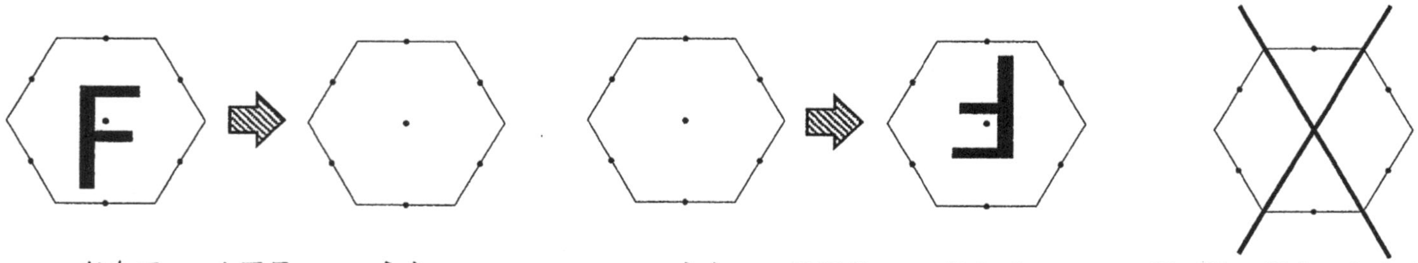

（３） （２）で答えた３通りの２本の軸の共通点を答えなさい。

向きの変化(度)	—	11	15	23	32	31	22	14	11

（１）もぞう紙に記録されたかげの中で，午前８時のかげを記録したのは図２のア～ウのうちどれですか。

（２）下線部について，Ａさんはなぜそのように予想したと考えられますか。説明しなさい。

（３）上の表より，１時間ごとのかげの向きの変化は，朝から正午にかけて大きくなっていき，夕方にかけて再び小さくなっていくのがわかります。かげの向きの変化が，毎時間で一定の値にならないのはなぜだと考えられますか。説明しなさい。

ゴム風船の大きさはどのように変化しますか。理由とともに説明しなさい。

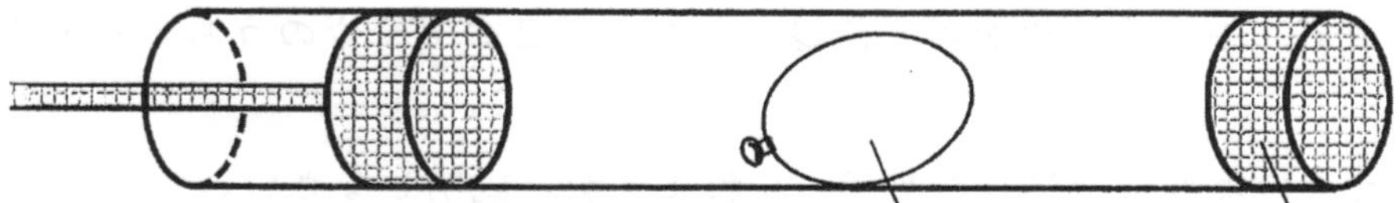

図２　空気でっぽうの中にゴム風船を入れたとき

（２）図１のような現象において霧ができることから，もともと筒内に入っていた空気の温度にどのような変化が起きたと予想できますか。理由とともに説明しなさい。

（３）図３のような炭酸飲料が入った容器のふたを開けたとき，容器の中で一瞬，霧ができることがあります。この現象が起きる理由を，空気でっぽうの現象と関連づけて，容器内の気体のようすの変化に着目して説明しなさい。なお，炭酸飲料には多くの二酸化炭素が液体のなかにおしこめられて入っています。

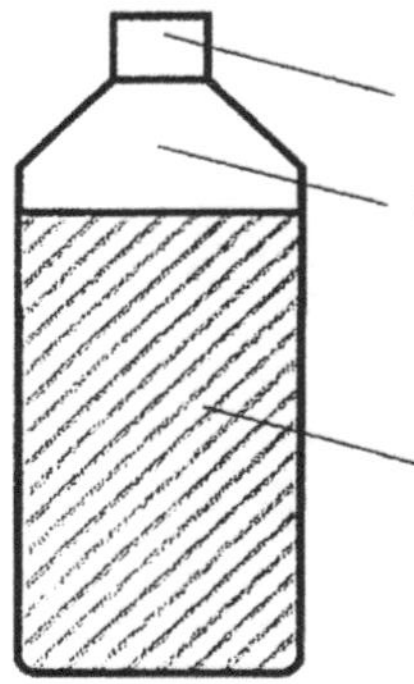

図３　炭酸飲料が入った容器

の枠《わく》をこえて広がる言語も存在する。アラビア語は、七世紀からの[4]イスラーム教の拡大によって、西アジアから北アフリカに広がり、現在も約三億人の話者がいる、世界有数の言語である。日本でも義務教育段階から学ばれている英語は、近代におけるイギリスの植民地支配を通じて、アメリカ合衆国やインドなど世界各地に広がり、グローバル化が進む現代の世界では、[5]貿易の取引において最も広く用いられる言語となっている。

現在、英語にほぼ取って代わられつつあるハワイ語は、ユネスコによって、アイヌ語と同じく「極めて深刻な状況《じょうきょう》」にあると認定《にんてい》されている。ハワイ語で雨や風をあらわす表現は百をこえるという。「大雨をともなう風」「にわか雨をともなう風」、そして「風に吹《ふ》かれた雨のしぶき」「サトウキビの葉を散らす雨」。こうした細やかな表現を育んだ文化が、世界には数多くある。言語の多様性を守ることは、こうした文化の多様性が消え去らないように守る、ということでもある。グローバル化によって、すべての人類が同じものの見方、感じ方をする日が果たして理想なのか、あらためて考える必要があるだろう。

問一　――線部1について、日本では、自分たちの言葉を文字で表すために、漢字をもとに日本独自のひらがなやカタカナなどのかな文字がつくられました。それはいつの時代のことですか。また、かな文字を用いることによって、日本の文化にどのような変化があったかを、作品や人物の例をあげて説明しなさい。

問二　――線部2に関連して、下の写真は、一九七二年に沖縄で撮影《さつえい》されたものです。この写真は、何をしている場面ですか。その背景となる歴史的なできごとも含《ふく》めて説明しなさい。

「沖縄銀行本店の通貨交換《こうかん》所」
写真／那覇《なは》市歴史博物館　提供

表現Ⅰの問題

問三　――線部3について、この政策によって、アイヌの人たちの生活は言葉や名前以外の面でも大きく変化しました。どのように変化したか、説明しなさい。

問四　――線部4について、次の問いに答えなさい。
あなたはスーパーマーケットの店長です。そこに、イスラーム教を信仰《しんこう》する女性が店員として働くことになりました。
(1)　この女性が働きやすい職場にすることは、なぜ必要ですか。その理由を、基本的人権の点から説明しなさい。
(2)　あなたは、(1)を実現するために、どのような工夫《くふう》をしますか。具体的な例を挙げなさい。

問五　――線部5について、次の**ア**・**イ**・**ウ**のグラフは、「原油」・「小麦」・「スマートフォン」のいずれかを、日本が輸入している相手国と、その輸入額の割合をあらわしています。
(1)　**ア**・**イ**・**ウ**のグラフのうち、「小麦」をあらわしたグラフを一つ選び、記号で答えなさい。
(2)　日本は、原油のほぼ百パーセント、小麦の約八十五パーセントを、輸入に頼《たよ》っています。原油・小麦のどちらかを選び、それを輸入に頼っていることが、日本にどのような問題をもたらす可能性があるか、考えて書きなさい。

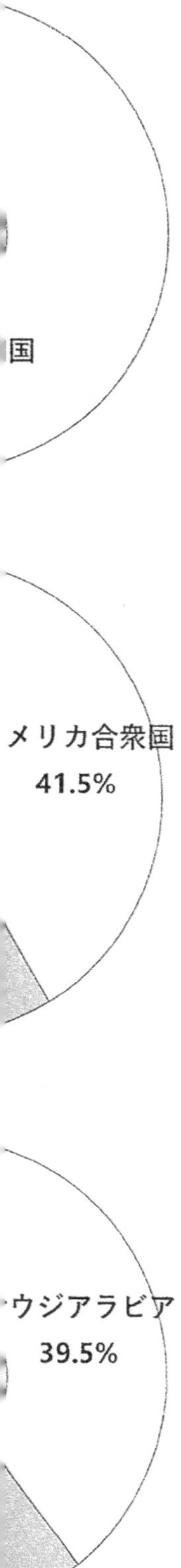

見ると、五つ六つより下のこどもが九人、わいわいいいながら走ってついて来るのでした。
そこで四人の男たちは、てんでにすきな方へ向いて、声をそろえてさけびました。
「ここへ畑おこしてもいいかあ。」
「いいぞお。」森が一斉《いっせい》にこたえました。
みんなはまたさけびました。
「ここに家建ててもいいかあ。」
「ようし。」森は一ぺんにこたえました。
その日、夕方までには、もう小さな丸太の小屋が出来ていました。次の日から、森はその人たちが一生けんめい働いているのを見ました。男はみんな鍬をピカリピカリさせて、野原の草をおこしました。女たちは、栗《くり》を集めたり、松をきって薪《たきぎ》をつくったりしました。そしてまもなく、いちめんの雪が来たのです。
その人たちのために、森は冬のあいだ、一生懸命《けんめい》、北からの風をbフセいでやりました。
春になって、小屋が二つになりました。
そして蕎麦《そば》と稗《ひえ》とがまかれたようでした。蕎麦には白い花が咲《さ》き、稗は黒い穂を出しました。その年の秋、穀物がとにかくみのり、新しい畑がふえ、小屋が三つになったとき、みんなはあまりうれしくて大人までがはね歩きました。ところが、土のかたく凍《こお》った朝でした。九人のこどもらのなかの、小さな四人がどうしたのか夜の間に見えなくなっていたのです。
みんなはそのあたりをあちこちさがしましたが、こどもらの影も見えませんでした。
そこでみんなは、てんでにすきな方へ向いて、一緒《いっしょ》にさけびました。
「だれかこどもら知らないか。」
「しらない」と森は一斉にこたえました。
「そんだらさがしに行くぞお。」とみんなはまたさけびました。
「来ーい。」と森は一斉にこたえました。
そこでみんなは色々の農具をもって、まず一番ちかい狼森に行きました。森へ入りますと、すぐしめったつめたい風と落葉の匂《におい》とが、すっとみんなをおそいました。

表現Ⅰの問題

みんなはどんどん踏《ふ》みこんで行きました。
すると森の奥《おく》の方で何かパチパチ音がしました。
急いでそっちへ行って見ますと、すきとおったばら色の火がどんどん燃えていて、狼《おおかみ》が九ひき、くるくるくるくる、火のまわりを踊《おど》ってかけ歩いているのでした。
だんだん近くへ行って見るといなくなったこどもらは四人とも、その火に向いて[c]ヤいた栗や茸《きのこ》などをたべていました。
狼はみんな歌を歌って、夏のまわり灯籠《どうろう》のように、火のまわりを走っていました。
「狼森のまんなかで、
火はどろどろぱちぱち、
栗はころころぱちぱち。」
みんなはそこで、声をそろえてさけびました。
「狼どの狼どの、こどもら返してけろ。」
狼はみんなびっくりして、一ぺんに歌をやめてくちをまげて、みんなの方をふり向きました。
すると火が急に消えて、そこらはにわかに青くしいんとなってしまったので火のそばのこどもらはわあと泣き出しました。
[3]狼は、どうしたらいいか困ったというようにしばらくきょろきょろしていましたが、とうとうみんないちどに森のもっと奥の方へ逃《に》げて行きました。
そこでみんなは、こどもらの手を引いて、森を出ようとしました。すると森の奥の方で狼どもが、
「悪く思わないでくれろ。栗だの茸だの、うんとごちそうしたぞ。」とさけぶのがきこえました。みんなはうちに帰ってから粟《あわ》もちをこしらえてお[d]レイに狼森へ置いて来ました。
春になりました。そしてこどもが十一人になりました。栗や稗はまっさおに延びました。
そして実もよくとれたのです。秋の末のみんなのよろこびようといったらありませんでした。
ところが、ある霜柱《しもばしら》のたったつめたい朝でした。
みんなは、今年も野原をおこして、畑をひろげていましたので、その朝も仕事に出ようとして農具をさがしますと、

「盗人はたしかに盗森に相違《そうい》ない。おれはあけがた、東の空のひかりと、西の月のあかりとで、たしかにそれを見届けた。しかしみんなももう帰ってよかろう。栗はきっと返させよう。だから悪く思わんでおけ。いったい盗森は、じぶんで栗もちをこさえて見たくてたまらなかったのだ。それで栗も盗《ぬす》んで来たのだ。はっはっは。」

そして岩手山は、またすましてそらを向きました。男はもうそのあたりに見えませんでした。

みんなはあっけにとられてがやがや家に帰って見ましたら、栗はちゃんと納屋に戻《もど》っていました。そこでみんなは、笑って栗もちをこしらえて、四つの森に持って行きました。

中でも盗森には、いちばんたくさん持って行きました。

さてそれから4森もすっかりみんなの友だちでした。そして毎年、冬のはじめにはきっと栗もちをもらいました。

（宮沢賢治《みやざわけんじ》「狼森と笊森、盗森」より。一部表記を変えたところがある）

（注）奇体…ふつうとちがうこと。不思議なこと。
柏…木の種類。
みの…わらでできた雨具のこと。
山刀…木を切る道具。
三本鍬・唐鍬…農具の種類。
幻灯のようなけしき…映像を映し出したような景色。
おこせる…耕すことができる。
地味…土地の生産力。
稗…穀物の種類。
まわり灯籠…影絵などがくるくると回る灯籠。
栗もち…栗で作ったもち。

問一　＝線部a～eを漢字に直しなさい。

表現Ⅰの問題

問二　――線部1「おれはおれだと思っている」とありますが「思っている」のはだれですか。文中から五字以内でぬき出しなさい。

問三　――線部2「岩手山の銀のかんむり」とありますが、この表現は岩手山のどんな様子を表したものですか。二十字程度で書きなさい。

問四　――線部3「狼は、どうしたらいいか困った」とありますが、狼たちはなぜ困ったのですか。文中のことばを利用して二つ書きなさい。

問五　森で起きた事件を次の表のようにまとめます。表の空らんア～オに入る内容を文中のことばを利用して書きなさい。

森	起きた事件	森で見つけたこと	事件が起きた理由
狼森	こどもが四人いなくなった	こどもたちが狼と一緒にばら色の火にあたり栗や茸をたべていた	狼たちが、こどもたちにごちそうしたり、踊ったりしたかったから
笊森	ア	イ	ウ
盗森	エ	真っ黒な手の長い男が、自分は盗人ではないと言った	オ

表現Ⅰの問題

（60分）

奈良女子大学附属中等教育学校

［一］　次の文章を読み、後の問いに答えなさい。

私たち人類は、長い歴史の中でさまざまな技術を生み出すことで、社会を発展させ、豊かな生活をつくりだしてきました。

一方で、私たち人類の活動によって引き起こされたさまざまな「危機」もあります。

その一つが、戦争です。例えば、第二次世界大戦では世界で数千万人が亡くなったと言われています。戦争が長引く中で人々の暮らしは苦しくなり、また国の政治や経済のしくみも戦争によって大きく変わりました。

第二次世界大戦後、国際連合（国連）が設立され、日本も一九五六年に加盟しました。[1]国連は、世界の平和や社会の発展を目的に話し合い、さまざまな活動を行っています。国連の活動は、人類の営みによって引き起こされるさまざまな「危機」をのりこえるものと言えます。

自然が引き起こす「危機」もあります。豊かな自然は、私たちの生活に大きな恵《めぐ》みを与《あた》えてくれる一方、人間の存在をおびやかすものでもあります。これまでも人類は数多くの天災に直面してきました。

その一つに、飢《き》きんがあります。[2]鎌倉《かまくら》時代から室町《むろまち》時代にかけては、天候不順が続き、飢きんがたびたび発生しました。飢きんによって食料が不足すると、農民たちの生活は苦しくなり、争いも起こるようになりました。この時代、農民たちはさまざまな知恵《ちえ》をだして、「危機」をのりこえようとしました。

また、私たち人類の活動そのものが自然や環境《かんきょう》に大きな影響《えいきょう》を与える場合もあります。その一つに工業化の問題があります。[3]日本では、日清戦争後から第一次世界大戦の時期にかけて、急速に工業化が進みました。一九五〇年代半ばごろより

正社員・非正社員の数と、働く人全体に占《し》める非正

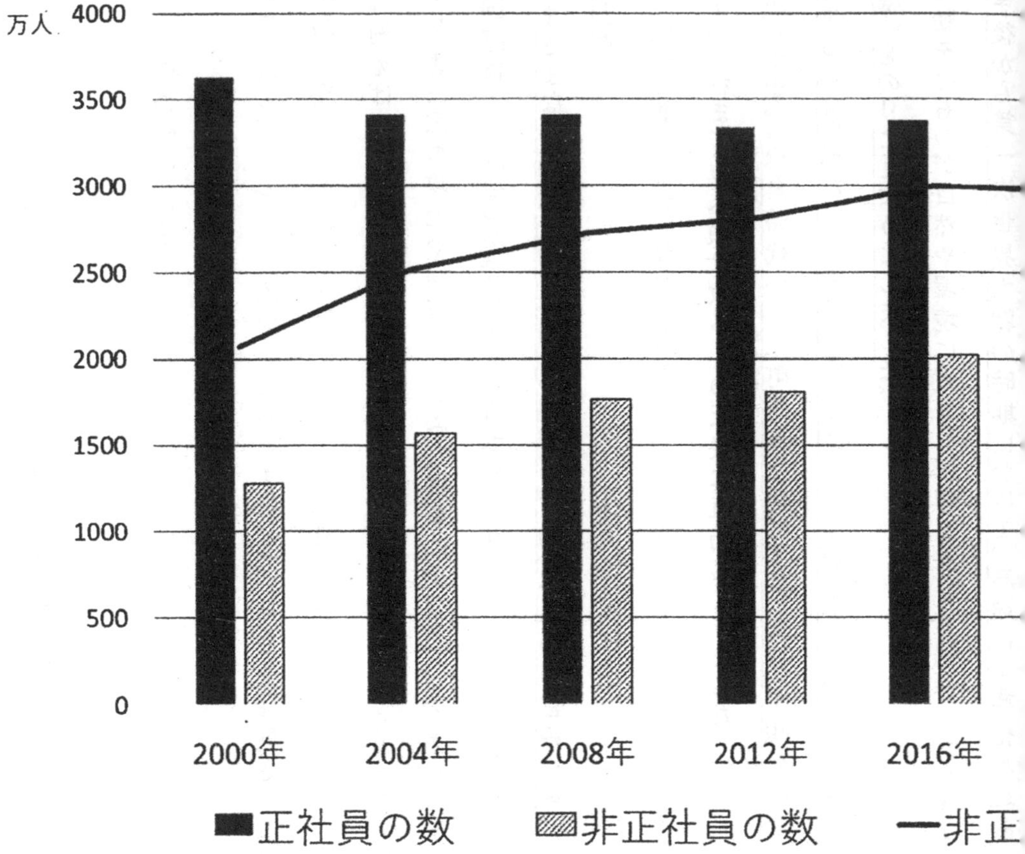

（総務省統計局「労働力調査」より作成）

正社員　…　働くことができる期間を定めずに雇《やと》われている社員

非正社員　…　働く期間を定めたうえで雇われている社員

表現Ⅰの問題

［二］ 次の文章を読み、後の問いに答えなさい。

尾《お》びれをゆらゆらさせながら、クロエは水面ごしに空を見あげた。よく晴れた、雲ひとつない青空だ。

すごくきれいな青。

クロエは思い出した。「色はみんな同じように見えているわけじゃない」と聞いたことがある。小さいとき、お年寄りたちがおしゃべりしているのをそばで聞いたのだ。意味はわからなかったけれど、不思議な話だったから、今でもおぼえている。

あれはどういう意味だったんだろう？

今、この空の青を、わたしは自分の目で見ている。だれでも自分の目でしか見られないんだから、おたがいにどう見えているかは、わからない。

―「青」という同じ言葉でよんでいるけれど、それぞれ見ている色は、ちがうかもしれない。

そうか、そういうことだ。クロエは急にドキドキしてきた。

ギンコちゃんにすぐ話しにいこうと思った。ギンコちゃんは小さなころからの友達だ。

行くと、ギンコちゃんはほかの鯉《こい》たちとおしゃべりをしていた。クロエはあわてて川底にある大きな石のかげにかくれた。

ギンコちゃんは楽しそうにしゃべっている。クロエはじっと待った。

しばらくしてほかの鯉たちがいなくなると、石のかげから出た。

ギンコちゃんはすぐにクロエに気がついた。

「クロエちゃん、おはよう」

「ギンコちゃん聞いて聞いて。今すごいことがわかったの」

クロエはいっきに話した。でもギンコちゃんはすぐにはわからなかった。

「それって、えっと、つまり」

ギンコちゃんはクロエがかくれていた石を見る。

「たとえば、その石はわたしには灰色に見えるけど、クロエちゃんには灰色に見えないってこと？」

たいだ。橋の上にいるにんげんから見たら、輪ゴムがいくつも水面にうかんでいるように見えるんじゃないだろうか。
　そのとき、さわがしい声が聞こえてきた。クロエはいそいで「じゃあね」と言って、また大きな石のかげにかくれた。やってきたのは、やっぱりほかの鯉たちだ。
「ギンコちゃん、さっきクロエが来てなかった？」
「来てたよ」
「信じられない。まだあんな変な子とつきあってるの」
「クロエちゃんもわたしの友達だよ」
　ギンコちゃんの声が少し小さくなる。
「あんな変なのとつきあってたら、ギンコちゃんまで変になっちゃうよ。相手にしないほうがいいって」
「でも……」
　ギンコちゃんの声のつづきは聞こえなかった。
4次の日から、クロエはギンコちゃんのところに行かなかった。なんどもしゃべりたいと思った。でも行けばギンコちゃんもこまる。
　退屈《たいくつ》になると、ススキのはえている川べりまでおよいでいき、砂地から出る泡をながめた。
　よく見ると、大きな泡がぷっくんと、いきおいよく出るときもあったし、こまかい泡が一本の線のようにのぼっているときもあった。おひさまの光がまっすぐ水の中にさしこむと、泡はかがやいた。
　ある日、泡の帰りみち、ギンコちゃんが川の反対がわを泳いでいるのを見た。
　ギンコちゃん！　ひさしぶりに見るギンコちゃんだ。
　ギンコちゃんもクロエに気がついた。でもすぐに顔をそらし、ほかの鯉たちと一緒に、まっすぐ、およいでいった。
　クロエはそのまま下流まで行った。にんげんがcスてた網《あみ》がそのままになっているところがある。ひっかかるとあぶないから、ほかの鯉たちはめったに来ない場所だ。
　網の上にちょっと、横たわってみる。
　からだの半分が、空気にさらされて苦しい。川ぞいの道を走る車の音も、乱暴でこわい。空も水面ごしに見るのとちがって巨大《きょだい》で、今にもおしつぶしてきそうだ。

表現Ⅰの問題

それでもクロエは横たわりつづけた。
「たすけて」
かぼそい声がした。自分が言ったのかと思った。でもそんなはずはない。また「だれか、たすけて」と声がした。
クロエは水の中にもどった。網のはしに鯉がひっかかっている。クロエと同じ、墨色《すみいろ》をしたおばあさんの鯉だ。クロエは網にかからないように気をつけながら、おばあさんに近づいた。dハナサキをつかって、おばあさんの尾びれと、ひっかかっている網をはなした。
「ありがとう」
おばあさんはほっとしたようにクロエを見た。
「あなたも、網にかかってしまうかもしれないのに、なんて強い子でしょう」
そう言うと、おばあさんはよろよろ、およぎだした。
強い子じゃない。
クロエはおばあさんを見送りながら、泣きそうだった。
でも、強い子になりたい。
水面ごしに空を見あげると、すっかり日がくれて、ふかい紺色《こんいろ》をしている。
この紺色を、わたしが見ているんだと、クロエは思った。
ふかく息をはいた。
わたしは、わたしだ。ほかのだれでもないんだ。
住みかにもどったクロエは、毎日ひとりでおよぎ、食べものをさがし、空を見て、ねむった。5「本当はわかりあってないってこと?」と言うギンコちゃんの言葉もなんども考えた。
ある日、砂地から出る泡を見に行った。大きな泡が一つわいて、きらりとうかんだ。
うしろで気配がした。ふりむくと、ギンコちゃんがいた。はずかしそうにだまっている。クロエもすぐに話せない。
ギンコちゃんが、小さな声で言った。
「今の気持ちが同じだといいな」
クロエはeムネがいっぱいになり、ギンコちゃんのまわりをくるりと回った。

世代 / 順位（多い順）	2
1位	
2位	
3位	
4位	

「あなたが
（株式会社
一部表記

問一　右の表から世代による違《ちが》いをみつけて説明しなさい。

問二　あなたは、マスクを着けているときの相手とのコミュニケーションには、マスクがないときと比べてどんな問題があると考えますか。また、マスクを着けている状態でその問題をどう解決しますか。あなたの考えを書きなさい。ただし、右の表にある工夫を解決に使ってはいけません。

表現Ⅱの問題　(60分)

計算問題では、答えだけでなく、計算式や途《と》中の計算も解答用紙に書きなさい。
必要な場合は、単位をつけて答えなさい。
円周率を用いる場合は、3.14としなさい。

[1] 水を注入するためのじゃ口Aが1つと、排《はい》出するためのじゃ口Bが5つついた水そうがあります。じゃ口Aは水そうに1分間に決まった量を注入し、じゃ口Bはどれも1分間に決まった量を水そうから排出します。いま図のように、水そうに水が2.7m^3入っています。はじめ、じゃ口Aと3つのじゃ口Bを同時に開くと、10分後に水そうの中の水は5.7m^3になりました。このときさらに、残り2つのじゃ口Bも開きました。すると、最初にじゃ口を開いたときから29分後に水そうの中の水はなくなりました。じゃ口Aは1分間に何m^3の水を注入しますか。また、じゃ口Bは1分間に何m^3の水を排出しますか。

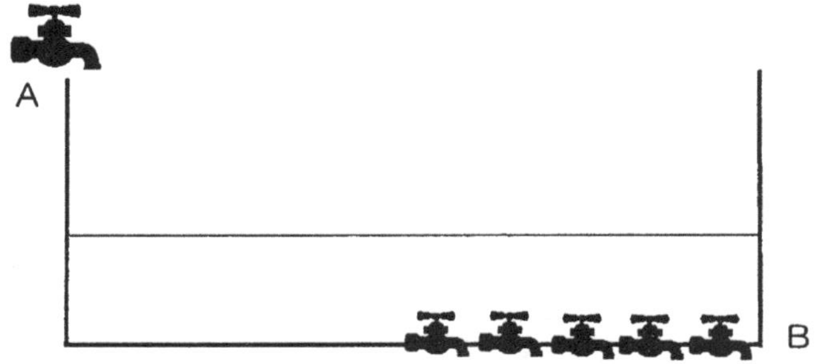

表現Ⅱの問題

［３］１辺の長さが a cm の正方形と b cm の正方形が１つずつあります。これらの正方形を、図のように直線 AB と１辺が重なるように配置し、直線 AB を軸《じく》に回転させたところ、できた立体の体積は 87.92cm³ でした。このとき、回転させる前の図形（図の斜《しゃ》線部分）の面積を求めなさい。ただし、a と b は整数とします。

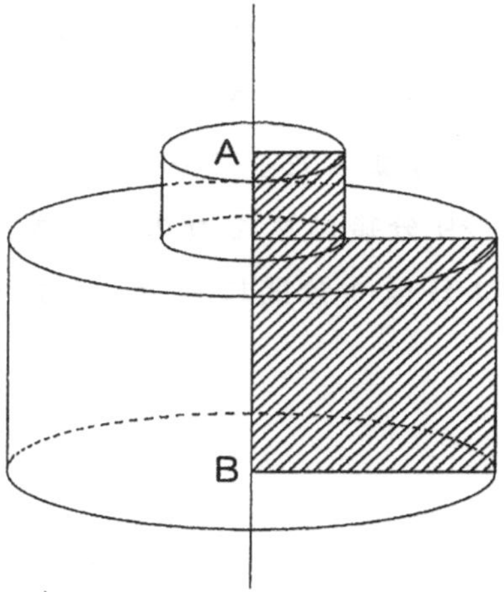

［４］図のような正方形 ABCD と長方形 CEFG があります。点 P は点 A をスタートして、秒速 2cm で正方形の辺上を反時計回りに移動します。また、点 Q は長方形の辺上のある点をスタートして、一定の速さで長方形の辺上を時計回りに移動します。いま、点 P と点 Q は同時に出発します。グラフは点 Q について、出発してからの時間 x 秒と直線 AB からの高さ y cm の関係を 25 秒間分だけ表したものです。このとき、下の問いに答えなさい。

表現Ⅱの問題

［５］りかさんは、学校の授業で次のことを学びました。

> 生物は［ア］を吸って、［イ］をはき出しているが、植物は光が当たると［イ］を取り入れて［ア］を出している。このように、生物は空気を通して周囲の環《かん》境とかかわりあって生きている。また、植物の葉に光が当たると［ウ］ができる。動物は［ウ］をつくることができないため、植物を食べることでそれを補っている。

りかさんは、お店で売っている野菜に光を当てると［イ］を取り入れるのかどうか調べることにしました。りかさんが買った野菜は次の通りです。

エダマメ、キャベツ、ナス、パプリカ、ピーマン、ホウレンソウ、ムラサキキャベツ、モヤシ

りかさんは、買ってきた野菜をそれぞれ図のように、別々のポリエチレンのふくろに入れ、［イ］を入れてからふくろの口をとじました。このとき、ふくろの大きさと野菜の重さ、そしてふくろに入れる［イ］の量をそろえました。また、野菜を入れないふくろに［イ］を入れて、ふくろの口をとじたものも用意しました。そして、晴れた日の昼に４時間、太陽の光が当たる場所に置きました。

４時間後、ふくろの［イ］の有無を調べたところ、次の表のようになりました。下の問いに答えなさい。

表現Ⅱの問題

［６］強い磁石をぶら下げて作った振《ふ》り子の下に厚紙、アルミニウム板、銅板を置き、磁石のふれ方を観察する実験を行いました。なお、実験で用いる強い磁石をアルミニウム板と銅板に近づけたとき、どちらも磁石につきませんでした。下の問いに答えなさい。ただし、実験で用いるすべての板の大きさや厚さは同じです。

実験１　図１のように、ある高さから振り子をふると、振り子は規則的に動いた。

実験２　図２のように厚紙を置いた状態で、実験１と同じ高さから振り子をふると、振り子は実験１と同様に規則的に動いた。

実験３　図２の厚紙をアルミニウム板にかえて、実験１と同じ高さから振り子をふると、図３のABCDの順に振り子がふれ、Eの位置で止まった。

実験４　図２の厚紙を銅板にかえて、実験１と同じ高さから振り子をふると、図４のABCの順に振り子がふれ、Dの位置で止まった。

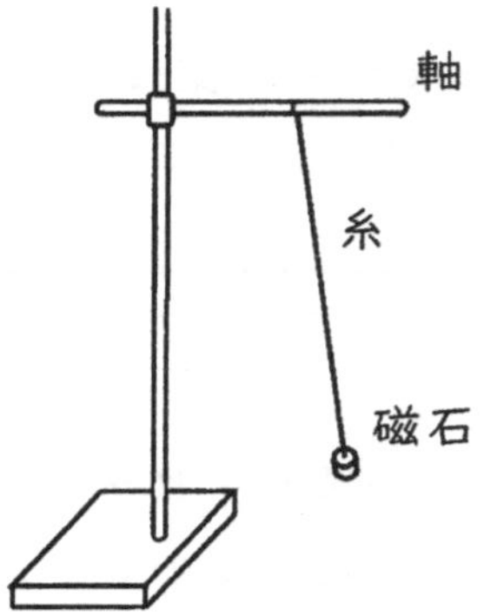

図１

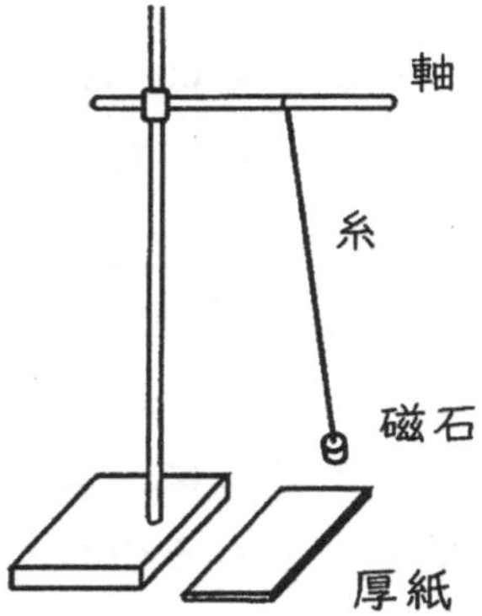

図２

実験後、実験前と同じように、実験で用いた強い磁石にアルミニウム板と銅板を近づけたとき、どちらも磁石につきませんでした。

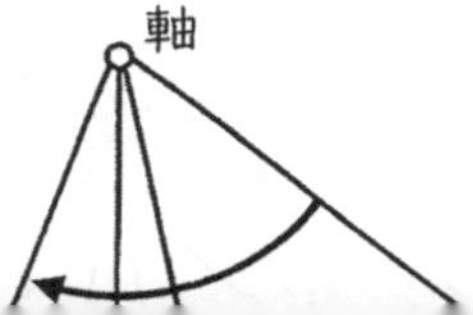

受検番号

令和5年度　入学適性検査

（2枚中の1）

表現Ⅰの解答用紙

〔一〕

問一

問二

問三

問四

問六

［三］

問一

問二

（このらんに書いてはいけません）

A
B
C
D
E
F
G
H
I

令和５年度　入学適性検査

受検番号

（２枚中の１　表）

表現Ⅱの解答用紙

この欄《らん》に書いては
いけません

［１］	式または説明

A	
B	
C	

令和５年度　入学適性検査

表現Ⅱの解答用紙

（２枚中の１　裏）

［３］	式または説明 答え ＿＿＿＿＿＿
［４］	（１）式または説明 答え ＿＿＿＿＿＿

この欄《らん》に書いては
いけません

E	
F	
G	
H	

令和５年度　入学適性検査

受検番号

（２枚中の２）

表現Ⅱの解答用紙

この欄《らん》に書いては
いけません

[5]	（１）	ア	イ
		ウ	
	（２）		
	（３）		

J	
K	
L	

[6]	(1)	
	(2)	
	(3)	

N	
O	
P	

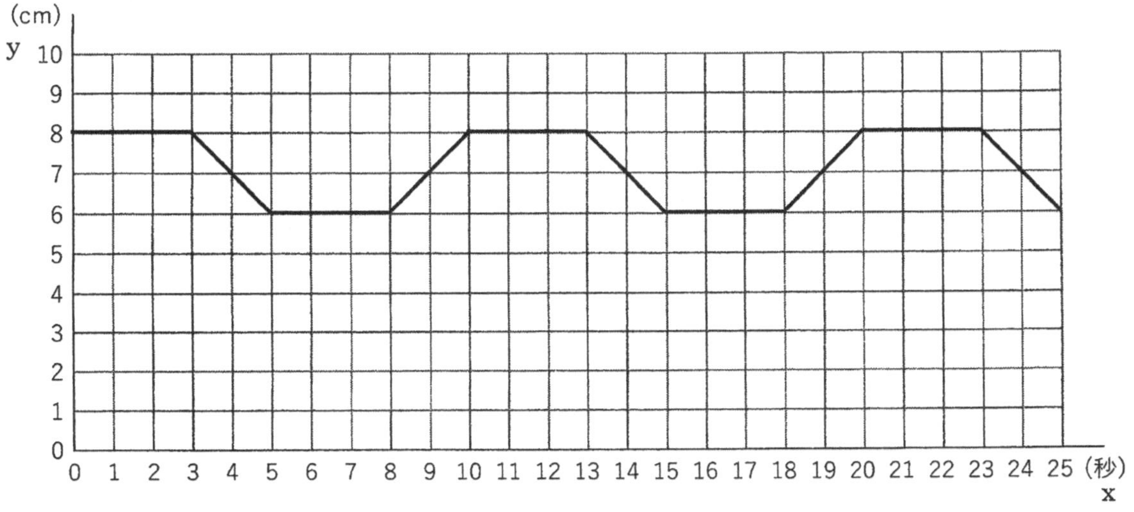

（３）式または説明

答え

（４）式または説明

答え

I

答え A　　　　B

[2]

(1)

(2) 説明

(3) 式または説明

答え

※100点満点
(配点非公表)

受検番号

令和5年度　入学適性検査

表現Ⅰの解答用紙

（2枚中の2）

［二］

問一

a

b

c

d

e

問二

問三

問四

問五

問五

取り組み

	A
	B
	C
	D
	E

（このらんに書いてはいけません）

※100点満点
（配点非公表）

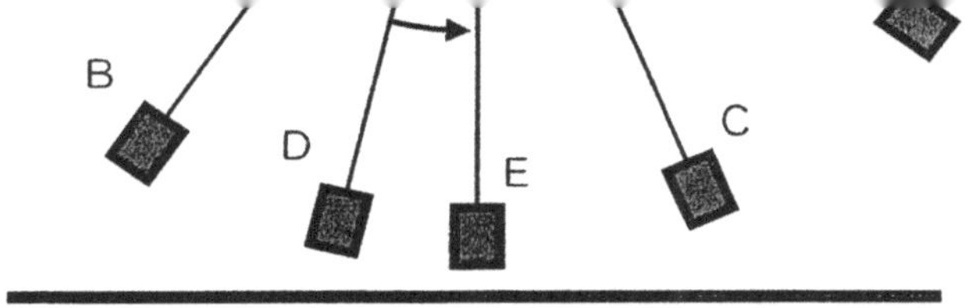

図３

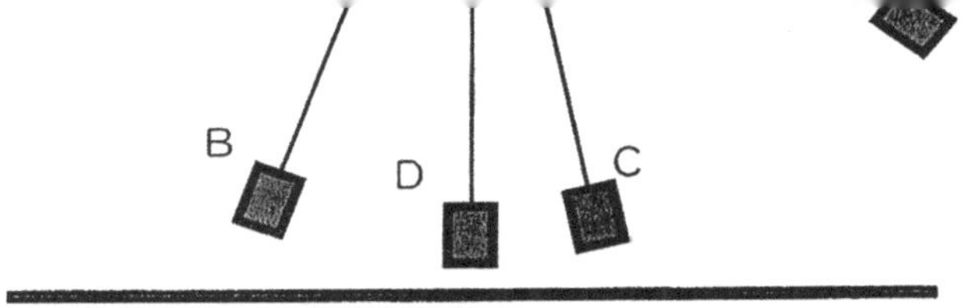

図４

（１）文章中の下線部について、振り子はどのような規則的な動きをしますか。説明しなさい。

（２）実験３および実験４の結果から読み取れることは何ですか。説明しなさい。

次に、長さと太さが同じで、素材が異なる３つのパイプ（紙、アルミニウム、銅）を用意し、以下の実験を行いました。

実験５　図５のようにパイプの上部から強い磁石を落としたところ、パイプの素材のちがいによって磁石の落ち方にちがいがあった。

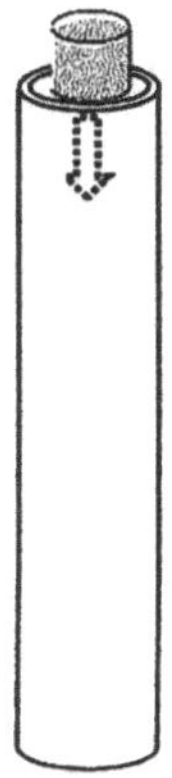

図５

（３）実験５の結果について、磁石の落ち方にどのようなちがいが生じると予想しますか。これまで行ってきた実験の結果を用いて説明しなさい。ただし、すべての結果を用いる必要はありません。

エダマメ　キャベツ　ピーマン

図　実験の様子（一部）

表　太陽の光に当てた後のふくろ内の［イ］の有無

野菜の種類	エダマメ	キャベツ	ナス	パプリカ	ピーマン	ホウレンソウ	ムラサキキャベツ	モヤシ	何も入れない
［イ］の有無	無	無	有	有	無	無	有	有	有

（1）文章中の［ア］～［ウ］に入る適切な語句を答えなさい。

（2）りかさんが買った野菜の中で、「実《み》」をすべて選び答えなさい。

（3）りかさんの実験について、野菜を入れないふくろを用意した理由を答えなさい。

（4）りかさんの実験から分かることは何ですか。2つ答えなさい。

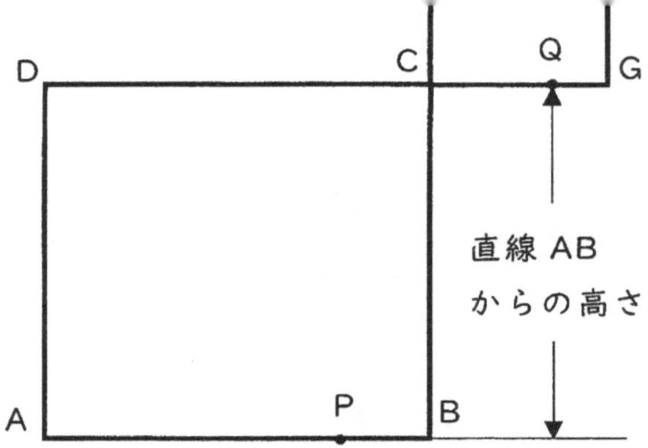

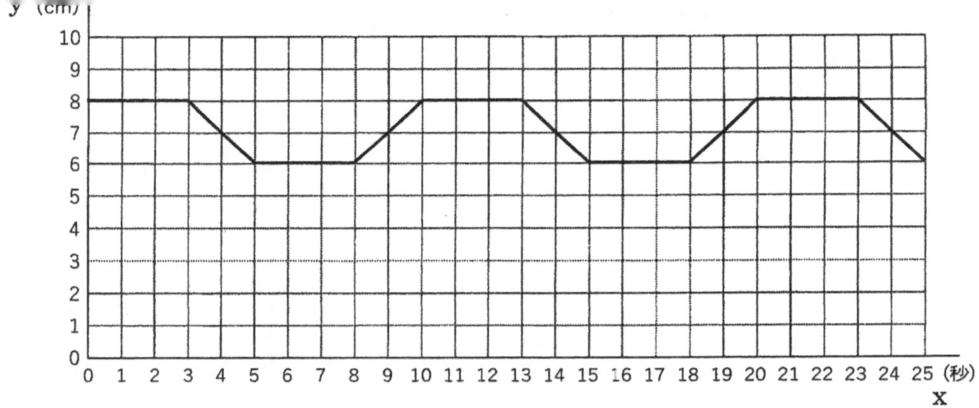

（1）点 Q の速さを求めなさい。

（2）点 P について、出発してからの時間と直線 AB からの高さの関係を表すグラフをかきなさい。

（3）点 P と点 Q が 1 回目に出会うのは出発してから何秒後ですか。

（4）点 P と点 Q が 2 回目に出会うのは出発してから何秒後ですか。

を表しています。次に、図３のように、頂点Ａ、Ｂ、Ｃをそれぞれ直線で結び、頂点Ｄをふくむ側の表面に色を塗《ぬ》ります。このとき、下の問いに答えなさい。

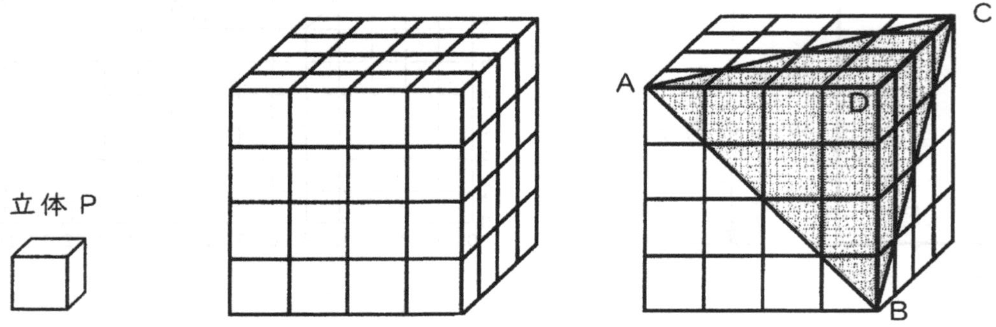

図１　図２　図３

（１）縦、横、高さともに立体Ｐを２個ずつ組み合わせてできる立方体を考えます。
表面に色のついている立体Ｐは何個ありますか。答えのみ書きなさい。

（２）縦、横、高さともに組み合わせる立体Ｐの個数を１個ずつ増やしていくと、立方体の一番上の面で、色のついている立体Ｐの個数はどのような規則で変化しますか。説明しなさい。

（３）縦、横、高さともに立体Ｐを10個ずつ組み合わせてできる立方体を考えます。
表面に色のついている立体Ｐは何個ありますか。

表現Ⅰの問題

〔三〕 みなさんがよく知っている通り、新型コロナウィルス感染《せん》の流行によって相手と話したりするときにはマスクを着けるようになりました。次の表は、マスクを着けて相手と話したりコミュニケーションをとったりするときに、問題があると考えた人たちが工夫《くふう》していることをまとめたものです。表の内容に関係する後の問いに答えなさい。

9才）	30代（30～39才）	40代（40～49才）	50代（50～59才）	60代（60～69才）
きやちの増や	うなずきやあいづちの回数を増やす	発音や発声をはっきりとして話す	発音や発声をはっきりとして話す	発音や発声をはっきりとして話す
なく顔をがけ	発音や発声をはっきりとして話す	うなずきやあいづちの回数を増やす	うなずきやあいづちの回数を増やす	見えてなくても笑顔をこころがける
発声きり話す	見えてなくても笑顔をこころがける	声を大きくしたり大きな身ぶり手ぶりをする	見えてなくても笑顔をこころがける	うなずきやあいづちの回数を増やす
きく大きり手する	声を大きくしたり大きな身ぶり手ぶりをする	見えてなくても笑顔をこころがける	声を大きくしたり大きな身ぶり手ぶりをする	声を大きくしたり大きな身ぶり手ぶりをする

ク越《ご》しの対面コミュニケーションで工夫していること」
ムの調査 2020 年 10 月 5 日プレスリリースより。
たところがある。）

言葉だけではわからないから、もっとわかりあいたくなるんじゃない？

そうだ、きっとそうだ。すぐにギンコちゃんに話さなきゃと、クロエは思った。

（魚住直子「クマのあたりまえ」より　一部表記を変えたところがある）

（注）　散策・・・散歩

問一　═══線部a～eを漢字に直しなさい。

問二　───線部1「『青』という同じ言葉でよんでいるけれど、それぞれ見ている色は、ちがうかもしれない」とありますが、それはなぜですか。文中のことばを利用して四十字程度で書きなさい。

問三　───線部2「クロエはうれしくなった」とありますが、それはなぜですか。文中のことばを利用して書きなさい。

問四　───線部3「クロエもギンコちゃんもだまりこんだ」とありますが、なぜ「クロエ」はだまってしまったのですか。文中のことばを利用して五十字以内で書きなさい。

問五　───線部4「次の日から、クロエはギンコちゃんのところに行かなかった」とありますが、それはなぜですか。本文の内容から考えて六十字以内で説明しなさい。

問六　───線部5「『本当はわかりあってないってこと？』と言うギンコちゃんの言葉もなんども考えた」とありますが、「クロエ」は考えた結果どのようなことを思いつきましたか。文中のことばを利用して書きなさい。

表現Ⅰの問題

「なんかちょっと」
「なんかちょっと、どうしたの」
「なんかちょっと……、さびしくなっちゃった」
クロエはびっくりした。
「なにがさびしいの？」
「だって、『おもしろい』って言いあっても、本当はわかりあってないってこと？」
クロエはあわてた。
「ちがうよ、そんな意味じゃないよう」
でも言いながら、ちょっと自信がなくなる。もしかしてそういうこと？
3クロエもギンコちゃんもだまりこんだ。
砂底からまたぷくんと泡が出て、まっすぐ水面にむかってのぼっていき、はじけた。
「そろそろ、帰ろうかな」
ギンコちゃんが言った。クロエもうなずいた。
「うん」
もとの場所に帰ってくると、ギンコちゃんが思い出したように言った。
「そういえば、お昼すぎに橋からパンをまくにんげんが来るらしいの。クロエちゃんも一緒《いっしょ》に食べに行こうよ」
「わたしとギンコちゃんだけで？」
「ほかの子たちも来るけど」
「じゃ、やめとく」
ギンコちゃんはがっかりしたようだけれど、なにも言わなかった。
クロエはむれるのが、大嫌《だいきら》いだ。むれた子たちはかならず、だれかをはじきだそうとする。そしてそれはきまってクロエになる。
　小さなころからクロエは理屈《りくつ》っぽくて変わっていると言われて、ずっと意地悪されてきた。そんなことをしないのはギンコちゃんだけだ。

たいと　おたがいの見え方を体験することはできないから、わたしが見ている灰色と　ギンコちゃんの見ている灰色は、ちがう色かもしれないの。もしかしたらギンコちゃんの灰色は、わたしにとっての黄色かもしれない。でもそこはａエイエンにわからないのよ」

「あっ、そうか」

ギンコちゃんがうなずいた。

「同じ灰色だっていっても、見えている色はちがうかもしれないってことね。わあ、おもしろいね！」

２クロエはうれしくなった。

それからクロエとギンコちゃんは、ちょっと散策に出かけることにした。

上流に向かってのんびりおよぎ、ススキのはえている川べりまで行った。

川底の砂地から水がわきでているところがあった。ときどき空気がまじるらしく、小さな泡《あわ》が出てくる。

泡がぷくぷく出ているまうえに行って、からだに当てた。二人はきゃあきゃあ笑った。

「くすぐったくておもしろいね」

「ほんとにおもしろい」

クロエは、はっとした。

「今の『おもしろい』っていうのも、さっきの『色』と同じかもしれない」

「え？」

ギンコちゃんがふしぎそうに言った。

「おもしろいは、おもしろいだよ。それは同じでしょ」

「でも、すごーくおもしろいか、ちょっぴりおもしろいか、これまで味わったことがないおもしろさか、なにかに似ているおもしろさとか、いろいろあるよ」

「そういえばそうだね」

新しい発見にクロエはまたうれしくなった。

「だから、同じ『おもしろい』も、ちがうかもしれないんだよ」

ギンコちゃんがだまりこんだ。

「ギンコちゃん、どうしたの」

問二　――線部2について、この時代の飢きんによる食料不足、争いといった「危機」を、農民たちはどのような工夫をして、どうのりこえようとしたのか。具体的な例をあげて、説明しなさい。

問三　――線部3について、日清戦争後から第一次世界大戦の時期にかけて、日本の工業化がどのように進んでいったのか説明しなさい。

問四　――線部4について、自動車を中心とする社会に変化したことが、自然や環境、人々の生活にもたらした「危機」の例を一つあげなさい。また、その「危機」をのりこえるため、自動車生産において、現在、行われている取り組みの例を一つあげなさい。

問五　――線部5について、ある民間団体の調査では、二〇一二年に発足《ほっそく》した「こども食堂」は、二〇一六年には三一九か所、二〇一九年には三七一八か所、二〇二一年には六〇四一か所となっています。なぜ、「こども食堂」の取り組みが全国的に広がっているのか。左のグラフから読みとれることをふまえて、あなたの考えを述べなさい。

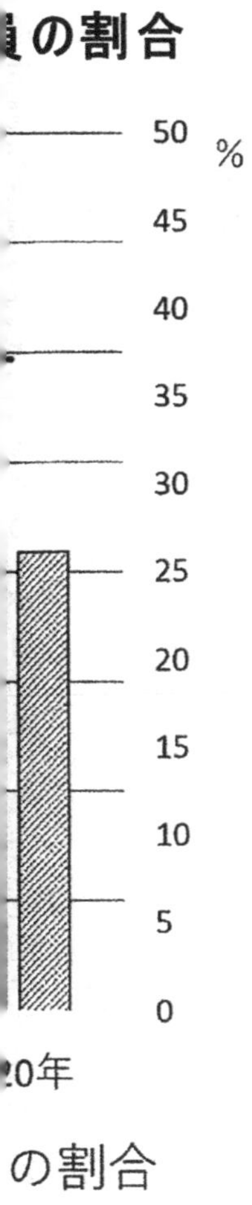

と、日本での自動車生産が急速に拡大し、多くの人が自動車に乗って生活する社会に変わりました。4こうした社会の変化は、日本の経済成長をもたらす一方で、自然や環境、人々の生活に大きな「危機」も生み出しました。その「危機」をのりこえるため、現在、自動車生産においてさまざまな取り組みが行われています。

ここまで、日本や世界が直面してきた「危機」について見てきました。「危機」とは私たちの生活をおびやかすということです。その意味では、「危機」は国や地球規模だけで起こるものではなく、私たちの身近な生活の中にもあると言えます。5日本では「こども食堂」の取り組みが全国的に広がっています。「こども食堂」とは、こどもにたいして無料または低価格で食事を提供したり、安心して過ごすことができる場所をつくることを目的とした地域住民による取り組みです。

今、私たちはさまざまな「危機」と直面し、それらをのりこえようとしています。「危機」をのりこえるとは、私たち一人一人が安全・安心に暮らせる社会をつくるということだと言えます。

問一　――線部１について、次にあげた資料は国連の目的の一部です。この資料に関連して現在国連が行っている活動について、一つ説明しなさい。

・世界の平和と安全を守り、国と国との争いを、平和的な方法で解決する。
・すべての国を平等にあつかい、国々の友好関係を発展させる。
・経済・社会・文化などの問題を解決し、人権と自由を尊重するために、国々が協力し合うようにする。

（国連憲章より）

令和４年度　入学適性検査

表現Ⅰの問題

（60分）

奈良女子大学附属中等教育学校

（５枚中の１）

［一］　次の文章を読み、後の問いに答えなさい。

「雨は一人だけに降り注ぐものではない」――ある詩人の言葉である。私たちは今、新型コロナウイルス感染症《しょう》の拡大と収束を繰《く》り返すなかにあり、「人との距離《きょり》」をとることが求められている。私たちは「人との距離」をうめるべく、知恵《ちえ》をしぼっている。「距離」をとりつつ、その「距離」をどうこえていくのか。人間はこの課題にどう向き合ってきたのか。

左下の写真は、太平洋に浮《う》かぶミクロネシアのマーシャル諸島で、第二次世界大戦ごろまで使用されていたスティックチャートである。

島と島を行き来するためには海をわたらなければならない。安全に航海するためにつくられた海図がスティックチャートである。貝殻《がら》は「島」であり、枝は、潮の流れ、うねり、そして正しい航路を表しているという。そこには、自分が住む島と他の島々との「距離」をはかり、こえていく知恵を読み取ることができる。自分が暮らす場所を他の場所とつなげて理解しようとする人間の想像力が海図をはじめとする―地図の誕生へとつながっていったのである。

日本の歴史に目を向けてみよう。「距離」はどのように広が

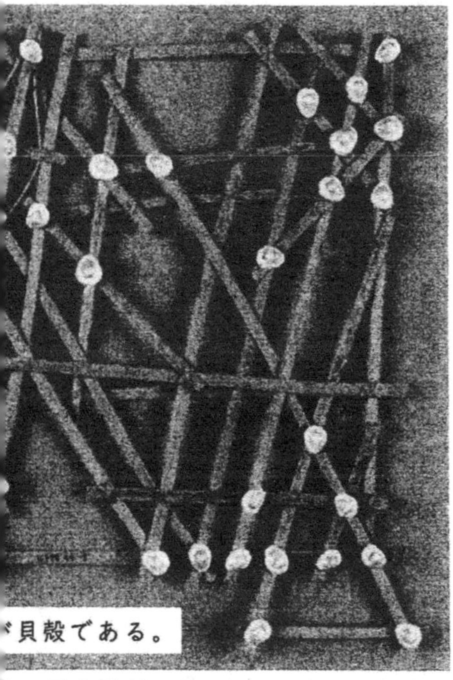

が貝殻である。

館・標本資料目録データベースより

問三　――線部3について、江戸幕府は、武家諸法度《ぶけしょはっと》を定めるなどして、全国の大名を支配するしくみを整えました。その支配のしくみを一つあげ、ねらいを説明しなさい。

問四　――線部4に関連して、つぎのグラフは、日本の総人口にしめる有権者の割合を示したものです。グラフの中の①～⑤の年に有権者が増加したのはなぜか。①～⑤の中から一つ選び、増加につながった政治や社会の変化を説明しなさい。

当時の総人口にしめる有権者の割合

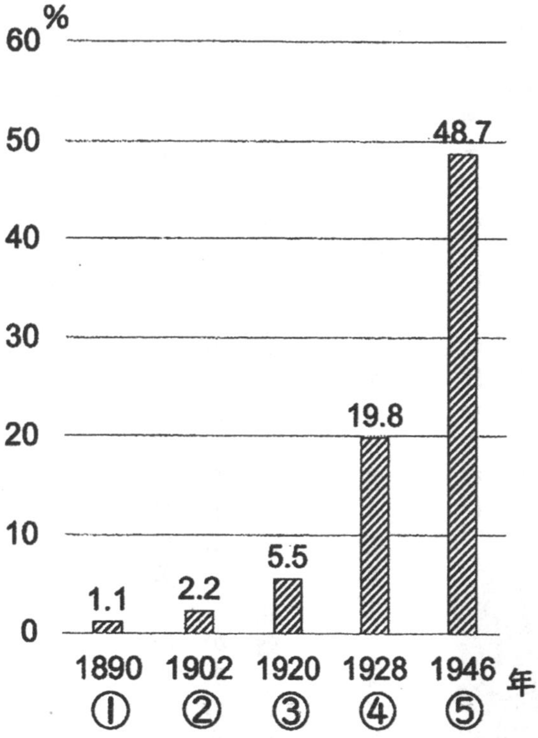

総務省の資料より作成

問五　――線部5について、自分たちの代表である国会議員を自分たちで決める選挙が行われているだけでは、民主政治としては不十分であるとも言われています。どうしてそうした選挙だけでは不十分なのでしょうか。理由を説明しなさい。

表現Ⅰの問題

［二］次の文章を読んで、後の問いに答えなさい。

近ごろ鉄道大臣官房《かんぼう》研究所を見学する機会を得て、はじめてこの大きな研究所の内部の様子をかなり詳《くわ》しく知ることができた。それは立派な応用科学研究所であって多数の実験室にはそれぞれすぐれた学者がいて興味のある研究をしているのであった。

色々見せてもらったものの中で面白《おもしろ》かったものの一つは「一鉛《なまり》をかじる虫」であった。顕《けん》微《び》鏡《きょう》でのぞいてみると、ちょっとコクゾウムシのようなかっこうをした鉛のようなねずみ色の昆虫《こんちゅう》である。

虫の口から何か特別な液体でもだして鉛を化学的に分解するのかと思ったが、そうでなくて、やはり本当に「かじる」のだそうである。その証拠《しょうこ》にはその虫のフンがやはり「鉛のフン」だという。なるほど顕微鏡下にあるフンの標本を見るとやはり立派な鉛色《なまりいろ》をしているようである。

これらの説明を聞いた時に不思議に思われたのは、鉛を食って鉛のフンをしたのでは、いわば米を食って米のフンをするようなもので、いったいそれがこの虫のために何の足しになるかということである。米の中から栄養分を取って残りの不用なものを「米とは異なるフン」にして排《はい》せつするのならば意味は分かるが、この虫の場合は全く了解《りょうかい》に苦しむというより外《ほか》はない。

『西遊記』の怪物《かいぶつ》孫悟空《そんごくう》が刑罰《けいばつ》のためにａドウや鉄のようなものばかり食わされたというおとぎばなしはあるが、動物が金属を主要な栄養品として摂取《せっしゅ》するのははなはだ珍《めずら》しいといわなければなるまい。もっとも、人間にでもきわめて微量《びりょう》な金属が非常に必要なものであるということは、近ごろだんだんに分かりかけて来ているようではあるが、しかしそれは食物全体に対して微少《びしょう》な量である。この虫のように自分の体重の何倍もある金属を食って、その何十パーセントを排せつするというのは全く不思議というより外はないであろう。

何のために鉛をかじるかが疑問である。何かしらこの虫の生存に必需《ひつじゅ》な生理的要求のためにに本能的にかじると考える外はないように思われる。

問二　――線部１「鉛をかじる虫」について説明した次の文の空《くう》らん①、②、③に当てはまる表現を、文中のことばを利用して書きなさい。ただし、①は二十字程度、②は十字程度、③は八字程度で書きなさい。

> 筆者はこの虫の「鉛をかじる」ということについて、（　①　）と予想していたが、実際は（　②　）。
> それはその虫が（　③　）ということからわかった。

問三　――線部２「十七、八年の間かじりつづけ」とありますが、だれが何をすることですか。文中のことばを利用して書きなさい。

問四　――線部３「無駄を伴わない、かすを出さない有用なことは一つもない」について、「有用なことはかならず」という書き出しで、同じ意味になるように書きかえなさい。

問五　――線部４「虫の方で人間を笑っているかもしれない」とありますが、虫は人間のどのような点を笑うと筆者は考えていますか。文中のことばを利用して書きなさい。

問六　‖線部「わからないむずかしい本でも読んだ方がいい」と筆者は書いていますが、なぜですか。本文全体の内容をふまえて説明しなさい。

表現Ⅰの問題

問七　太郎《たろう》君とのぞみさんは、奈良《なら》女子大学附属《ふぞく》中等教育学校の2年生です。先生から頼《たの》まれて、4月に入学する新入生へ近鉄《きんてつ》奈良《なら》駅から学校までの安全な通学路を知らせる案内をつくろうとしています。次の会話は太郎君とのぞみさんが話し合っている様子です。この話し合いを読んで後の①②に答えなさい。

太郎　新入生にはバスで登校してほしいんだよね。バスを使った通学路の案内でいいんじゃない？

のぞみ　どうして？　自転車だっていいし、歩いても三十分ぐらいで学校に着くよね。

太郎　新入生にとってはカバンもけっこう重たいし、何より、バスを使った方が早く着くからだよ。

のぞみ　たしかにそうね。でも、バスだと奈良公園とか「ならまち」とか、とっても素敵《すてき》な場所を通ることができなくなるよ。わたしは季節を感じられる奈良公園や、昔ながらの町並みが残っている「ならまち」を歩くのが好きだな。新入生にも教えたい。

太郎　そんな道草を食ってたら学校に遅《おく》れるかもよ。バスなら十分ぐらいで学校に着くし、通学案内も簡単につくれるよ。

のぞみ　学校に遅れないようにするのは、本人が気をつけることでしょ。わたしは、通学路を楽しむことも含《ふく》めて学校生活を楽しんでほしいな。

①　本文で筆者が述べていることと似た考えを持っているのは、太郎君とのぞみさんのどちらだとあなたは考えますか。そう考えた理由も書きなさい。

②　新入生の通学方法についての話し合いで、太郎君とのぞみさんが気づいていないことがあります。それはどんなことですか。あなたの考えを書きなさい。

表現Ⅱの問題　(60分)

計算問題では，答えだけでなく，計算式や途《と》中の計算も解答用紙に書きなさい。
必要な場合は，単位をつけて答えなさい。
円周率を用いる場合は，3.14としなさい。

［１］大きさの異なる２つのビーカーを用いて，次のような実験を行いました。以下の問いに答えなさい。

実験

図１のように大きなビーカーの中に小さなビーカーを置き，図２のようにビーカーに水を入れた。次に，図３のように小さなビーカーを水中で逆さまにして置いたあと，図４のようにふっとう石を入れガスバーナーで加熱し，大小２つのビーカーの様子を観察した。

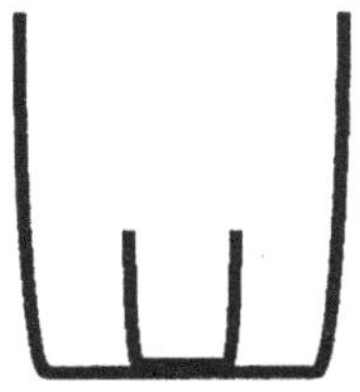
図１

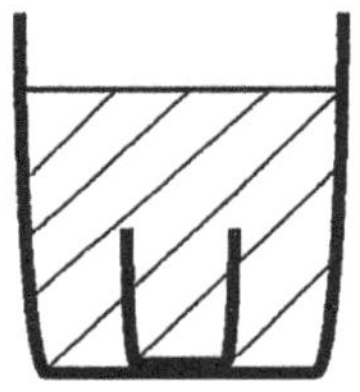
図２

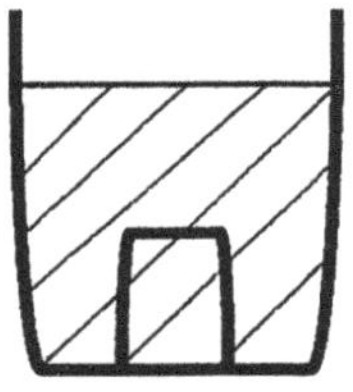
図３

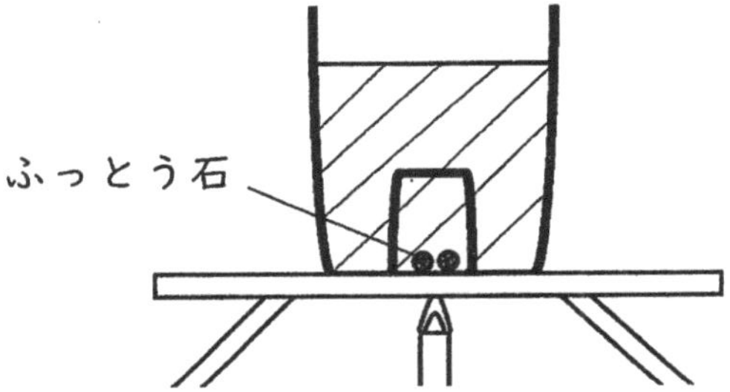

図４

結果

加熱し続けると，水の中からあわが出てきて小さなビーカー内に入り，すきまができた。さらに加熱を続け

表現Ⅱの問題

［２］花子さんがアメリカザリガニ（以下ザリガニ）を飼育していると，ザリガニが水草《みずくさ》を切断していることに気がつきました。その理由について調べるために，次の２つの実験を行いました。実験の方法と結果を読んで以下の問いに答えなさい。ただし，実験で使用した水そうの大きさ，水の量はすべて同じとします。

実験１．水草を入れたときと入れないときのザリガニの体重を調べる実験

【方法】①　水の入った水そうを３つ用意して，ザリガニのえさとなるユスリカの幼虫とヤゴを同じ量ずつ入れた。これらの水そうに，同じ体重のザリガニを１匹《ひき》入れたものを水そうＡ，２匹入れたものを水そうＢ，４匹入れたものを水そうＣとした。

②　水そうＡ～Ｃに同じ量の水草を入れて，一定期間そのままにした。その後，水そう内の様子を観察し，ザリガニの体重をはかった。

③　①の水そうＡ～Ｃを別に用意して，水草を入れずに②と同じ期間そのままにした。その後，水そう内の様子を観察し，ザリガニの体重をはかった。

【結果】

水草の有無	水そう内の様子	ザリガニ１匹あたりの体重
水草あり	・どの水そうでもユスリカの幼虫とヤゴが生き残っていた。 ・ザリガニの数が多い水そうほど，生き残ったユスリカの幼虫とヤゴは少なかった。	体重が大きい順に並べると，水そうＣ，Ｂ，Ａとなった。

表現Ⅱの問題

［３］A◎B＝（A÷B の答えのうち整数の部分）×B という計算を作ります。例えば，7◎2 は 7÷2 の答えのうち整数の部分は３であり，3×2＝6 となるので，7◎2＝6 となります。また，7◎2◎4◎3 などについては左から１つずつ計算していくことにします。例えば，7◎2◎4◎3＝6◎4◎3＝4◎3＝3 となります。

（１）2022◎45 を求めなさい。

（２）100◎2◎3◎4◎5 を求めなさい。

（３）5040◎N が 5040 より小さくなるような最小の整数 N を求めなさい。また，その理由も説明しなさい。

［４］はなこさんは午前８時に家を出発して自転車で 36km 先の美術館へ行きました。途中 21km 進んだところにある公園で 15 分休けいしてから再度出発したところ，午前 10 時 15 分に美術館に着きました。休けいの前後で速さは変わりません。下のグラフは，はなこさんの移動のようすを表しています。

　はなこさんが美術館の入場券《けん》を忘れていることにお父さんが気づいて，自動車で後から追いかけました。お父さんは午前８時 45 分に家を出発したところ，公園ではなこさんに出会い入場券をわたすことができました。このとき，以下の問いに答えなさい。ただし，お父さんの自動車の速さは一定であるとします。

表現Ⅱの問題

［5］２つの容器 A, B に水が入っています。空の容器 C に容器 A の水の量を２割増しして入れてから，容器 B の水の量と同じだけを加えたところ 575mL でした。また，空の容器 D に A の水の量と同じだけ入れてから，B の水の量を２割増しして加えたところ 492mL でした。

このとき，空の容器 E に A の水の量を２割増しして入れてから，B の水の量の２割増しして加えると，何 mL になりますか。

［6］図１のように，正方形の内側に正三角形 ABC があります。この正三角形の１辺の長さは，正方形の１辺の長さの３分の１です。図２のように，この正三角形 ABC が正方形の辺上をすべることなく，頂点の１つを中心として回転していきます。ただし，正方形の頂点まできたときには，図３のように回転してから次の辺上を回転していきます。このとき，次の問いに答えなさい。

（１）頂点 B が図１の状態から回転して，もとの位置にもどるまでに正三角形の頂点 B が動いたあとにできる線を，解答用紙に作図しなさい。解答用紙に書かれている正方形の各辺を３等分する点を利用してよい。なお，余分な線は消しておくこと。

受検番号

令和4年度　入学適性検査

表現Ⅰの解答用紙

〔一〕

問一

問二

問三

問六

問七

①

②

（このらんに書いてはいけません）

A	B	C	D	E	F	G	H	I	J

令和４年度　入学適性検査

受検番号

（2枚中の1）

表現Ⅱの解答用紙

この欄《らん》に書いては
いけません

[1]	(1)	
	(2)	
	(3)	

A	
B	
C	

令和４年度　入学適性検査

受検番号

（２枚中の２　表）

表現Ⅱの解答用紙

この欄《らん》に書いては
いけません

［３］	（１）式または説明 答え ＿＿＿＿＿＿
	（２）式または説明 答え ＿＿＿＿＿＿
	（３）式または説明

G	
H	
I	

令和４年度　入学適性検査

表現Ⅱの解答用紙

（２枚中の２　裏）

この欄《らん》に書いては
いけません

M	
N	
O	

［5］　式または説明

答え ＿＿＿＿＿＿＿＿

［6］　（1）作図

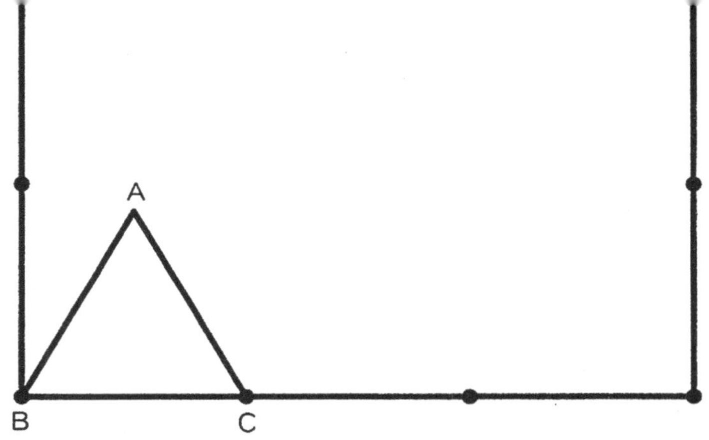

（２）式または説明

答え

答え

［4］	（1）式または説明 答え
	（2）式または説明 答え
	（3）式または説明 答え

K	
L	

[2]		
	(1)	
	(2)	
	(3)	

E	
F	

※100点満点
（配点非公表）

受検番号

令和4年度　入学適性検査

表現Ⅰの解答用紙

〔二〕

問一

a

b

c

d

e

問二

①

②

③

問三

問四

有用なことはかならず

問五

（このらんに書いてはいけません）

A	
B	
C	
D	
E	

※100点満点
（配点非公表）

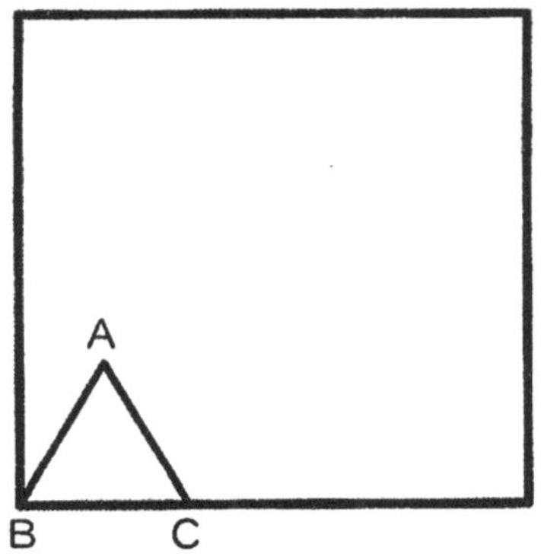

図 1

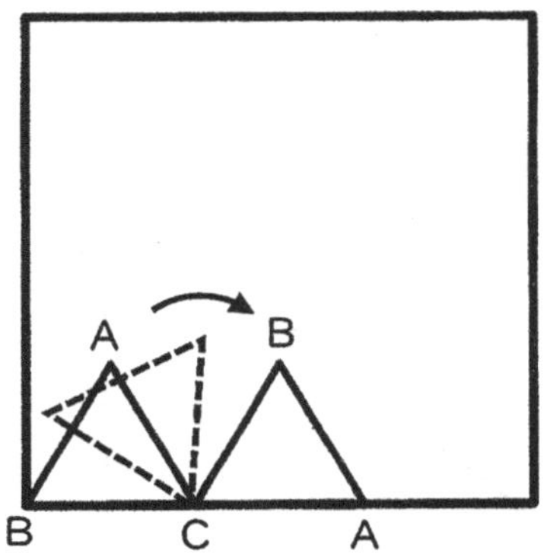

図 2

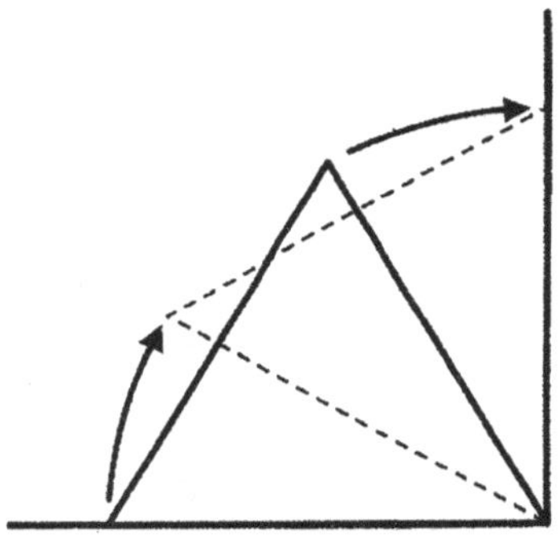

図 3

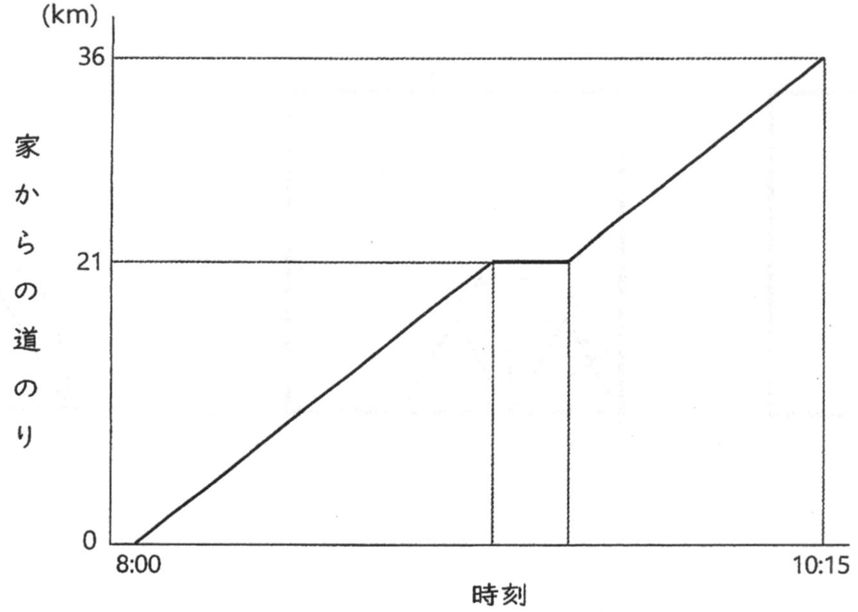

（１）はなこさんが自転車で移動した速さは時速何 km ですか。

（２）はなこさんが公園に着いた時刻を求めなさい。

（３）お父さんが自動車で移動した速さは，時速何 km 以上何 km 以下ですか。

水草なし	どの水そうでも，水草を入れた場合と比べて，生き残ったユスリカの幼虫とヤゴは少なかった。	体重が大きい順に並べると，水そうA，B，Cとなった。

実験１では，水草がある場合とない場合で，結果に大きな違《ちが》いがありました。そこで，花子さんは，もしザリガニが水草を切断できなければ，ザリガニの体重がどのようになるのか疑問に思い，ザリガニが切断できないプラスチック製の人工水草を用意して，実験２を行いました。

実験２．異なる量の人工水草を入れたときのザリガニの体重を調べる実験

【方法】① 水の入った水そうを３つ用意し，これらの水そうにユスリカの幼虫とヤゴを同じ量ずつ入れて，同じ体重のザリガニを３匹ずつ入れた。

② これらの水そうに，人工水草をたくさん入れたものを水そうD，人工水草を少量入れたものを水そうE，人工水草を入れなかったものを水そうFとした。

③ 一定期間そのままにしたあと，水そう内の様子を観察し，ザリガニの体重をはかった。

【結果】水そう内の人工水草の量が多いほど，ユスリカの幼虫とヤゴが多く生き残っていた。ザリガニ１匹あたりの体重が大きい順に並べると，水そうF，E，Dとなった。

（１）自然界では，ユスリカの幼虫やヤゴはザリガニなどに食べられ，ザリガニは鳥などに食べられます。このような生物どうしの関係を何と呼ぶか答えなさい。

（２）下線部について，人工水草の量が多いほど，ユスリカの幼虫とヤゴが多く生き残る理由を答えなさい。

（３）あなたは「ザリガニが水草を切断する理由」をどのように考えますか。実験結果を用いて説明しなさい。ただし，すべての実験結果を用いる必要はありません。

降しているときは小さかった。また，小さなビーカーの動きを観察しているあいだ，大きなビーカーの水面上に湯気が見えた。

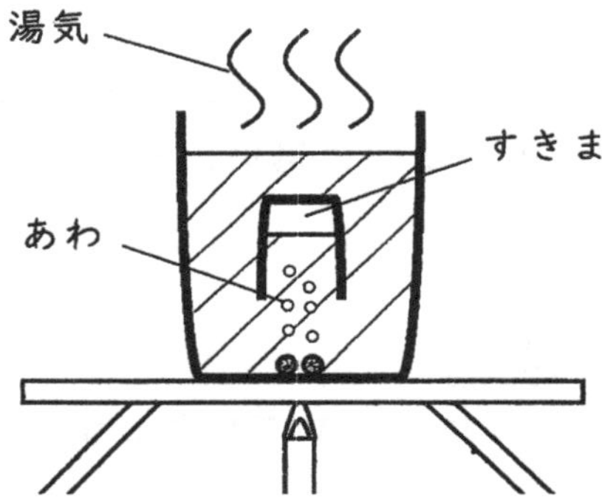

図５
小さなビーカーが
上昇したときの様子。

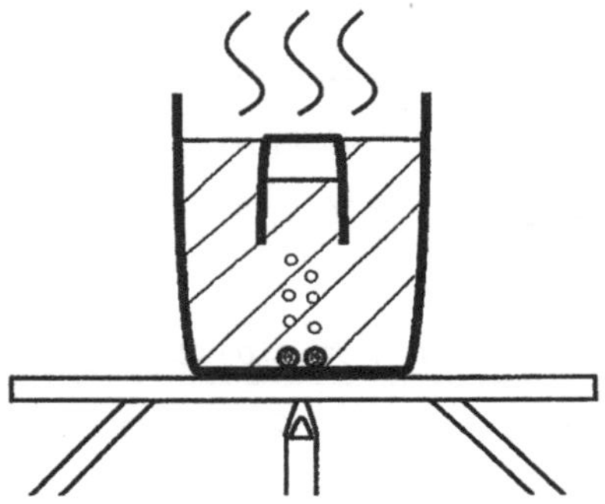

図６
小さなビーカーの底が
水面に達したときの様子。

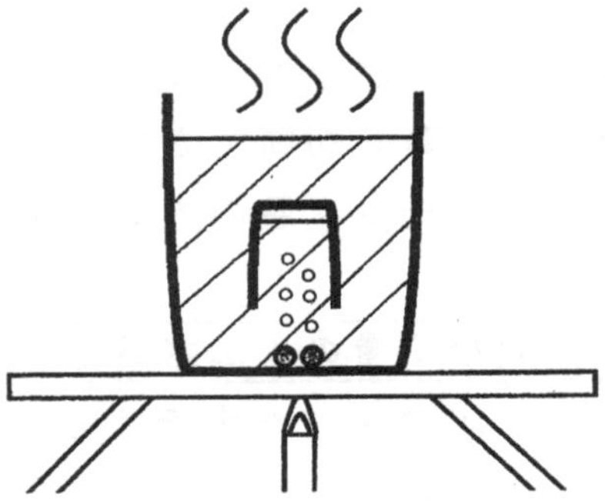

図７
小さなビーカーが
下降したときの様子。

（１）水を加熱すると，水の中からあわが出てきます。このあわの正体は何ですか。

（２）下線部について，ビーカーが下降したのは，ビーカー内のすきまが小さくなったためです。あわが出続けているのにもかかわらず，ビーカー内のすきまが小さくなった理由を説明しなさい。

（３）図７のあと，さらに加熱し続けると，小さなビーカーの動きはどのようになると思いますか。理由とともに答えなさい。ただし，加熱しているときに出てくるあわの量は常に一定であり，水の量は十分にあるものとします。

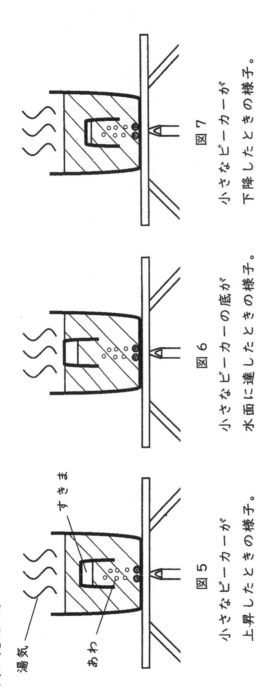

民に対しても、さまざまな税や負担が定められた。これは、都から「距離」がはなれていたため、ばらばらだった地方が、奈良の都を中心とする国として統一されたことを意味している。またこのことは、都の天皇や貴族と地方の農民との間に、身分の差という「距離」が生まれたことも示している。こうした、中央と地方との「距離」や、身分の差という「距離」は、その後の歴史の中で形を変えていくことになる。例えば江戸《えど》時代に入ると、3 江戸幕府《ばくふ》が大名《だいみょう》を支配し、幕府と藩《はん》が、厳しい身分制度によって人々を支配するしくみが整えられた。そのしくみは、江戸時代のおわりの開国の後、いっきょにくずれた。さらに、

4 明治《めいじ》から昭和《しょうわ》にかけて、人と人の間にあった身分の差という「距離」はなくなり、国民として平等に政治に参加できるしくみが整えられていった。

世界の政治《せいじ》はどうだろうか。「距離」を縮める方向に動いているのか、それとも広げる方向に動いているのか。

第二次世界大戦後、世界の政治は、その国に住む国民が、自分たちの国のあり方を決める主権をもつという考え方に基づいた民主政治が基本であるとの方向に進んできた。民主政治のあり方は、国によってちがう。しかし、5 大きな基準は共通している。それは、国の政治の方向を決める国会議員を、自分たちで選ぶ選挙がなされているかどうかである。

スウェーデンのある調査機関によれば、二〇一九年の時点で、民主政治の国・地域は世界に八十七、民主政治ではない国・地域は九十二となり、十八年ぶりに民主政治ではない国・地域が、民主政治の国・地域を上回ったという。この調査からわかるのは、人々と政治との「距離」が広がりつつあるかもしれないことである。

「なぜ、戦争が起こるの？」と子どもに質問されたある戦争記者は、「戦争が起きるのは、みんながじゅうぶんに話し合わないからね」と答えている。民主政治で大事なことは「みんなで話し合うこと」である。それはおたがいの立場や感じ方、考え方の間にある「距離」を理解し、それをうめていく私たちの努力の積み重ねなのだ。

「距離」に対する想像力を呼び覚ます——二十一世紀の担い手である私たちに求められる共通の課題である。

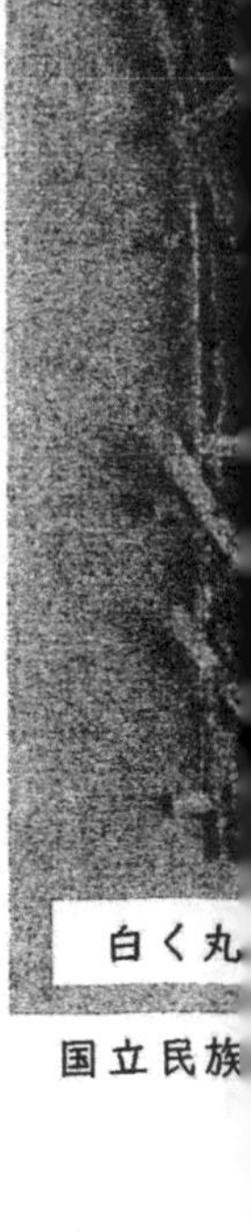
白く丸
国立民族

問一　——線部1に関連して、図1のまちに住んでいるタカシ君は、自分のまちの様子を図2のようにあらわしました。その際、どのようなことに気をつけてあらわしたのか。二つあげて、それぞれ簡単に説明しなさい。

図1

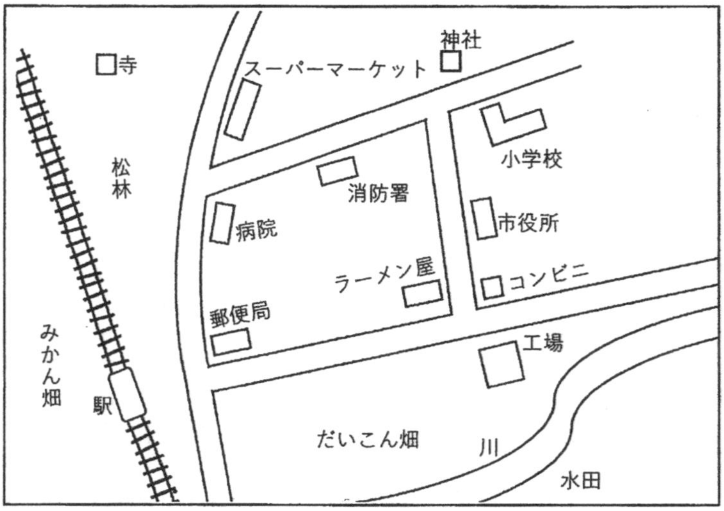

図2

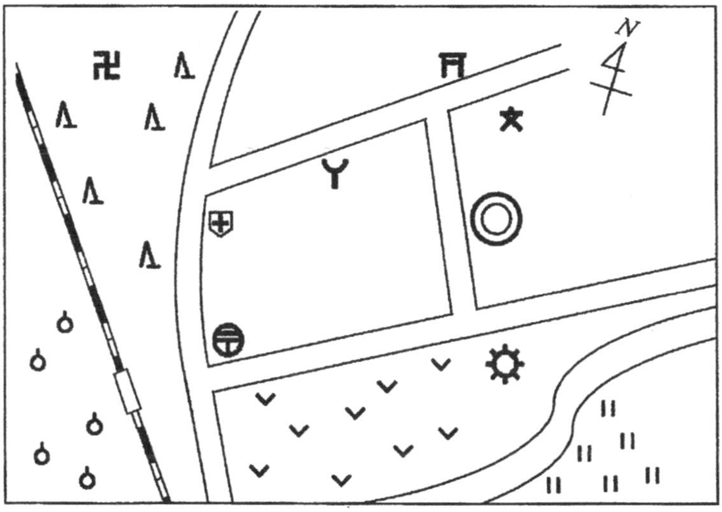

問二

は、分量で測ることが出来るとすればずいぶん多量なものであろうと思われる。[2]十七、八年の間かじりつづけ、吞《の》み込《こ》みつづけて来た知識のどれだけのパーセントが自分の身の養いになっているかと考えてみても、これはちょっと容易には分かりかねる難しい問題である。しかし、ともかくも、学校で教わったことの少なくとも何十パーセントは綺麗《きれい》に忘れてしまっていて、例えば自分等《ら》の子供に質問されて即座《そくざ》に明答を与《あた》えることが出来ない程度にまで意識の圏外《けんがい》に排せつしてしまっているのは事実であるらしい。

そんなに綺麗に忘れてしまうくらいならば始めから教わらなくても同じではないかという疑問が起こるとすれば、これは自分が今この鉛を食う虫に対して抱《いだ》いた疑問と少し似た所がある。

「知らない」と「忘れた」とは根本的にちがう。これはいうまでもないことである。しかしそれが全く同じであるとしても、忘れなかったわずかなパーセントがその人にとってはもっとも必要な全部であるかもしれないのである。

世の中に効率百パーセントの機械は一つもない。注《そそ》ぎ込《こ》んだエネルギーの一部は必ず無駄《むだ》になって消費される。電灯の場合などでも肝心《かんじん》の光になるエネルギーは消費される電力の割合にわずかな部分で、あとはみんな不必要な熱となって宇宙に放散する。この、物質界に行われる原理を、鉛を食う虫の場合の生理的現象に応用する訳には行かないし、まして人間の精神現象に持《も》ち込《こ》むべき理由はない。それにもかかわらず「[3]無駄を伴《ともな》わない、かすを出さない有用なことは一つもない」ということは、どうも一つの仮定として試《ため》しに使ってみてもいいように思われる。この仮定を認めるか、認めないかで結果には非常な差を生じる。この仮定が正しければ、無駄をしないようにするには結局有用なことを一つもしないというより外はなくなる。また有用なことをするためには結局なるべく無駄を沢山《たくさん》にするようにしなければならないということにもなるかもしれない。しかしこの仮定が誤りであって「無駄のない有用なものが可能であり、それが当然である」とすると、無駄は[c]ザイアクでないまでも不都合である。従って、そういうとがめを受けないためには、結局やはり何もしないで、じっとしているのがいいことになるのである。そうなればすべての活動は[d]テイシして冬眠《とうみん》の[e]ジョウタイに陥《おちい》ってしまうであろう。それならばまだ安全であるが、排せつ物《ぶつ》をなくするために食物を全廃《ぜんぱい》すれば餓死《がし》するより外はない。

鉛をかじる虫も、人間が見ると能率ゼロのように見えても実はそうでなくて、[4]虫の方で人間を笑っているかもしれない。人間が山から大量の岩石を掘《ほ》りだして、その中から微量な貴金属を採取して、残りのほとんど全質

表現Ⅰの問題

量を放棄《ほうき》しているのを見物して、現在の自分と同じようなことをいっているかもしれない。

こう考えてみると、わからないむずかしい本でも読んだ方がいいようであり、ろくでもない研究でも、しないよりはした方がいいようにも思われ、またこんな下らない随筆《ずいひつ》でも書かないよりは書いた方がいいようにも思われてくるのである。

（寺田寅彦《とらひこ》「鉛をかじる虫」より　一部表記を変えたところがある）

（注）

鉄道大臣官房研究所・・・大正時代に鉄道についての技術などを研究していた施設《しせつ》
応用科学・・・科学技術などを実際に使えるように研究する分野
コクゾウムシ・・・頭部にゾウのような部分を持つ小さな虫
不用・・・いらないこと、必要ないこと
排せつ・・・動物や虫などが栄養をとったあとの不要なもの（フンなど）を体外に出すこと
西遊記・・・十六世紀ごろにつくられた中国の物語
孫悟空・・・西遊記の登場人物。猿《さる》のような姿をしている。
必需・・・なくてはならないこと
生理的要求・・・食欲など生きるために必要とするものを求めること
明答・・・ぴったりくる答え
放散・・・外側へ向かってばらばらに広がっていくこと
生理的現象・・・身体の働き
精神現象・・・こころの働き
とがめ・・・誤りに対する注意

表現Iの問題

(60分)

奈良女子大学附属中等教育学校

〔一〕　次の文章を読んで、後の問いに答えなさい。

1技術を進歩させようとする人間の努力やその成果は、多様な変化を社会に引き起こしてきました。そして、その技術の進歩に欠かせない要素の一つが素材です。時代を区切って名前をつけるとき、石器時代・青銅器時代・2鉄器時代という言葉を用いることがあります。それぞれの時代で、その素材により社会が大きく変化したからです。

では、現代社会を特徴《とくちょう》づける素材には、どのようなものが考えられるでしょうか。ここでは「3ガラス」をその一例としてあげましょう。スマートフォンを使って、4ある場所のある瞬間《しゅんかん》を写真におさめる。その写真をインターネットで発信する。世界中の人たちが場所と時間を越《こ》えてその写真を目にする。そのような現代のありふれた日常に欠かせない素材がガラスです。スマートフォンのカメラのレンズ、スマートフォン内部に使われているガラス繊維《せんい》強化プラスチック、インターネット回線で用いられる光ファイバーケーブル、それら全てでガラスが素材に使われています。現代の生活にスマートフォンやインターネットが欠かせないとするなら、それらの素材となっているガラスが現代の技術の進歩を支えているともいえます。

ここではガラスを例にしましたが、これより先に思いもよらぬ素材が注目されたり、新しい素材が発見・発明されたりするかもしれません。その結果が未来にもたらす影響《えいきょう》は、私たちが現在想像しているよりもはるかに大きいことでしょう。しかし、その影響が常に幸福なものとは限りません。二〇一二年六月、「国連持続可能な開発会議」でウルグアイのホセ・ムヒカ大統領が演説を行いました。そこで彼《かれ》は「発展は幸福をそこなうものであってはなりません。発展は人間の幸福の味方でないといけません」と語りました。

科学技術の発展も同じです。それが誰《だれ》かの幸せをそこなうものであってはなりません。5どうすれば科学技術その一枚です。この写真が撮影《さつえい》された時期に、国民生活はどのように統制されていたのか、具体例を一つあげなさい。

出典：雑誌「少年倶楽部《くらぶ》」

問五 ——線部5について、この問いが重みを増すようになってきたのはなぜですか。その理由について具体例を一つあげて説明しなさい。

表現Ⅰの問題

［二］次の対話文は、ゴリラ研究で有名な山極《やまぎわ》寿一《じゅいち》さんに、人類の遺伝についての研究で有名な尾本恵市《おもとけいいち》さんがインタビューをしているものです。この文章を読んで、後の問いに答えなさい。

著作権に関係する弊社の都合により本文は省略いたします。

教英出版編集部

著作権に関係する弊社の都合により
本文は省略いたします。

教英出版編集部

表現Ⅰの問題

（『日本の人類学』山極寿一・尾本恵市　ちくま新書より　一部表記を変えたところがある）

（注）相対化…物事を他と比べながらとらえること
学界…学者の社会
圧倒的…他よりもとてもまさっている様子
ルワンダ…アフリカ大陸にある国の名前
呈する…示す
胸郭…胸の回りの骨格
認知症…物事を理解する力が低下してしまう症状のこと
くんずほぐれつ…ここでは、仲良く体をくっつけ合うことを言っている
憶測…はっきりとわからないことを、あれやこれやと考えてみること
類推…同じような例をもとに、想像を働かせること
シミュレーション…ものごとがうまくいくか想定すること

地点に戻ってくるようにプログラムすること。

②スタート地点から目的地までの間には高さ2メートルの壁《かべ》があるので、ドローンが、その壁を飛び越《こ》えるようにプログラムすること。

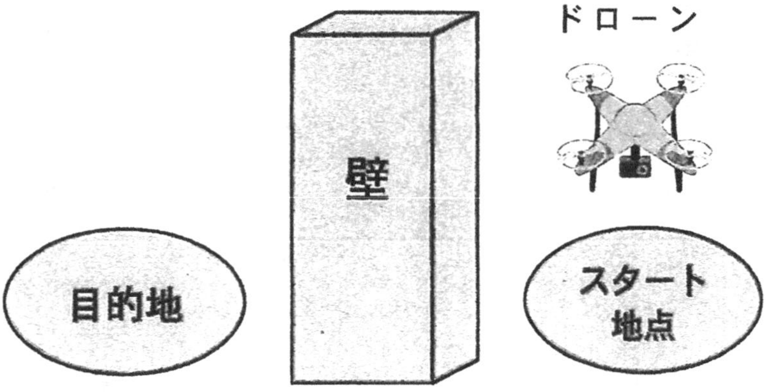

さくらさんたちが「課題」の解決のための方法を話し合っています。あなたは、さくらさん・あおいくん・すみれさんが話している方法のうち、どの方法を選びますか。本文の内容と関連づけて自分の考えを書きなさい。

さくらさん　まずはスタート地点から目的地までの距離《きょり》をはかったり、壁の厚さをはかったりして、ドローンをどう飛ばしたらいいか、みんなで十分に相談してからプログラムした方がいいと思う。

あおいくん　ぼくはプログラムをこうしたらいいって見当がついたから、ぼくが先にプログラムして飛ばしてみるよ。うまくいかなかったらプログラムを直したらいい。

すみれさん　インターネットで、このドローンのプログラムのし方や課題の解決方法がないか調べてみたらいいんじゃないかな。私たちが考えつかない方法が見つかると思うよ。

表現Ⅱの問題

計算問題では，答えだけでなく，計算式や途《と》中の計算も解答用紙に書きなさい。
必要な場合は，単位をつけて答えなさい。
円周率を用いる場合は，3.14としなさい。

(60分)

［１］球が70個あります。重さの順に並べて，軽い方から何個かを箱Ａに入れました。残りの球の軽い方から何個かを箱Ｂに入れ，残りの球のすべてを箱Ｃに入れました。すると，箱Ａの球は，箱Ｂの球より６個少なく，箱Ｃの球より２個多くなりました。

（１）３つの箱Ａ，Ｂ，Ｃに入っている球の個数をそれぞれ求めなさい。

（２）すべての球の重さの平均は60.9gです。それぞれの箱について，球の重さの平均を求めると，その差は7gずつでした。箱Ｂに入っている球の重さの平均を求めなさい。

［２］図のようなパイプがあります。Ａから入った水は，１つの分かれ目のところで，左右に１：２の割合で分かれて下へ流れていきます。５段目以降も同じように分かれて流れていきます。

A

表現Ⅱの問題

［３］図のような２つの長方形を合わせた図形があります。半径 2cm の円が，この図形の外側に沿って１周して，元の位置に戻《もど》りました。このとき，円が通った部分の面積を求めなさい。

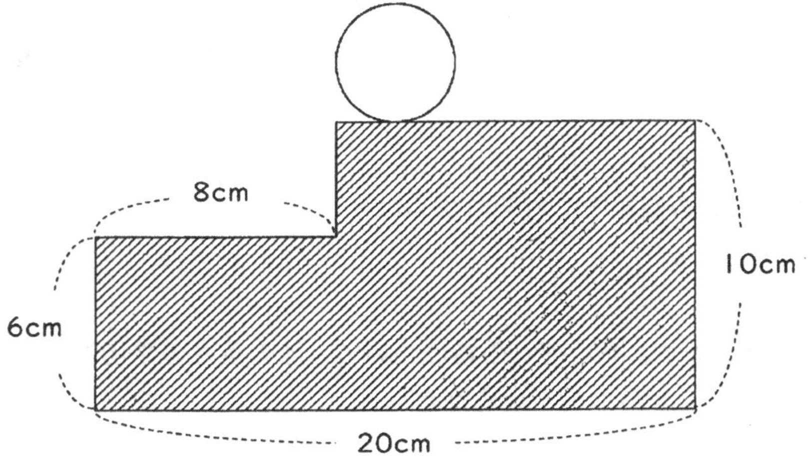

［４］たて 20cm，横 30cm，高さ 40cm の直方体の水そうがあります。この水そうの中に，図のように水に沈《しず》む２つの円柱 A，B を上下に重ねて置き，水を一定の割合で入れました。グラフは，この水そうが満水になるまでの時間と水面の高さの関係を表したものです。

表現Ⅱの問題

［５］アリの種子運びについて，次の問いに答えなさい。

アリの中には植物の種子をえさとして巣穴に運び，種子の一部を食べるものがいます。<u>アリの巣穴に運ばれた種子の中には，その巣内で発芽するものがあります</u>。

種子の特徴《とくちょう》がアリの種子運びにどのような影響《えいきょう》を与《あた》えているかを調べるために，次の実験を行いました。

実験

① アリの巣の近くにある３種類の植物を調べ，その種子を用意した。

② アリの巣の近くに，ろ紙をおき，その上に３種類の植物の種子を７粒《つぶ》ずつ置いた。

③ 25分間にわたって，ろ紙に残っているそれぞれの種子の数を，１分ごとに計測した。

図１は，３種類の植物の名前と，その種子のスケッチと特徴であり，図２は，実験結果を示しています。

タチイヌノフグリ

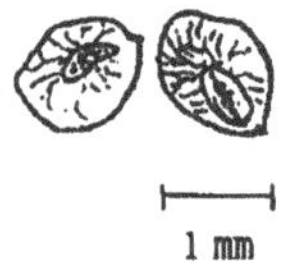

見た目は茶色。
表面にはすじが入っている。

イヌノフグリ

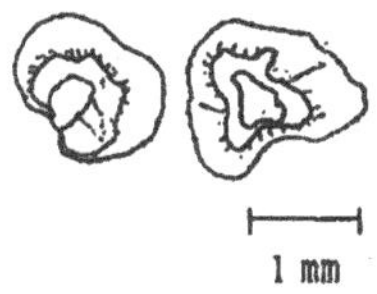

見た目はうすい黄色。
中央のくぼみには，白いかたまりが入っている。

フラサバソウ

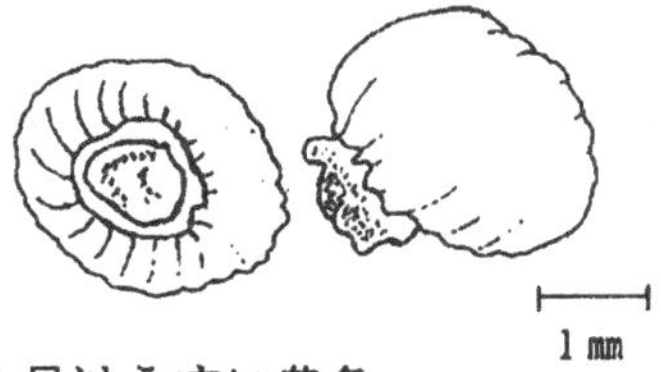

見た目はうすい黄色。
中央のくぼみには，白いかたまりが入っている。

図１　種子のスケッチと特徴

（粒）

□タチイヌノフグリ　▨イヌノフグリ　■フラサバソウ

表現Ⅱの問題

［６］金属の性質について，次の問いに答えなさい。

金属には，温度によって体積が変化する性質があります。あたためたときの体積の増え方が異なる２種類の金属を重ねて接着したものを，バイメタルと呼びます。図１のように，うすい板状の金属Ａ，金属Ｂでできたバイメタル①の上部を板に固定し，点線部を加熱しました。その結果，図２のように金属どうしは離《はな》れずに曲がりました。

接着する前の金属Ａと金属Ｂは，別々に加熱するとそれ自体が曲がることはなく，金属Ｂの方が金属Ａよりも体積が大きくなります。

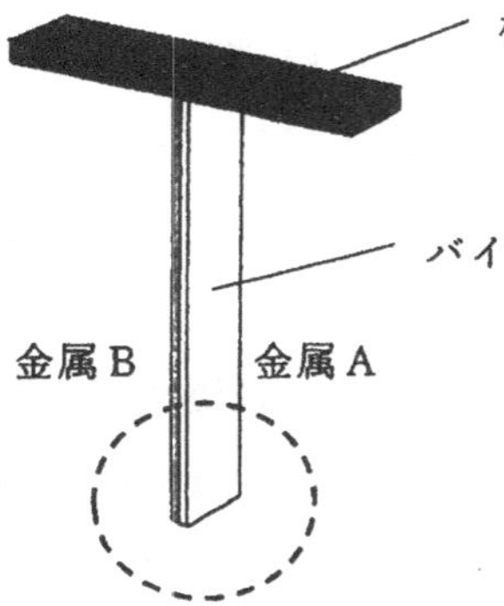

図１

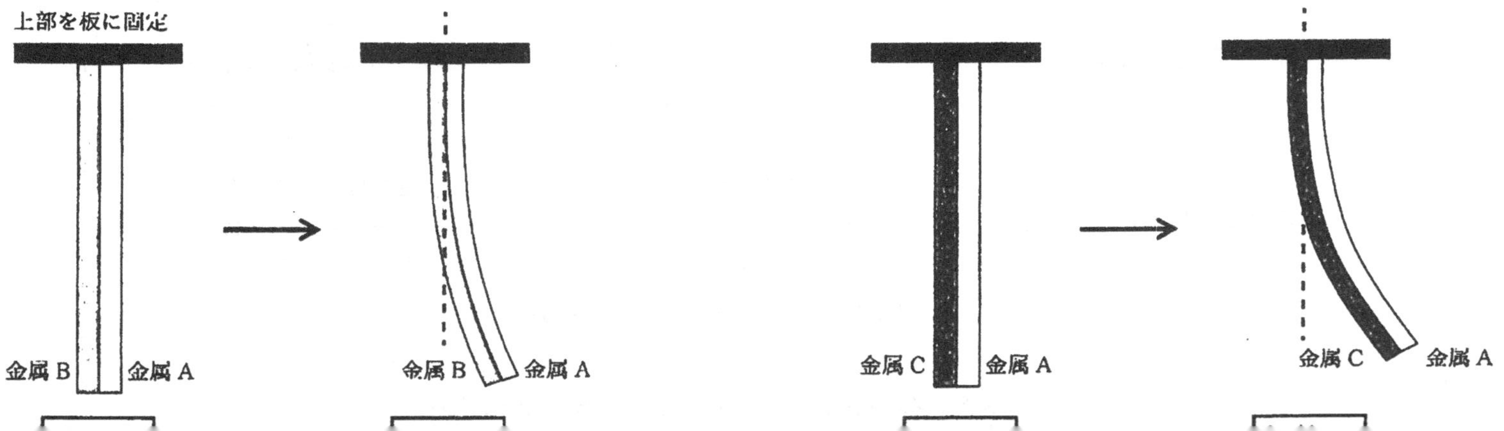

受検番号

令和三年度　入学適性検査

表現Ⅰの解答用紙

（2枚中の1）

〔一〕

問一

課題

説明

問二

問三

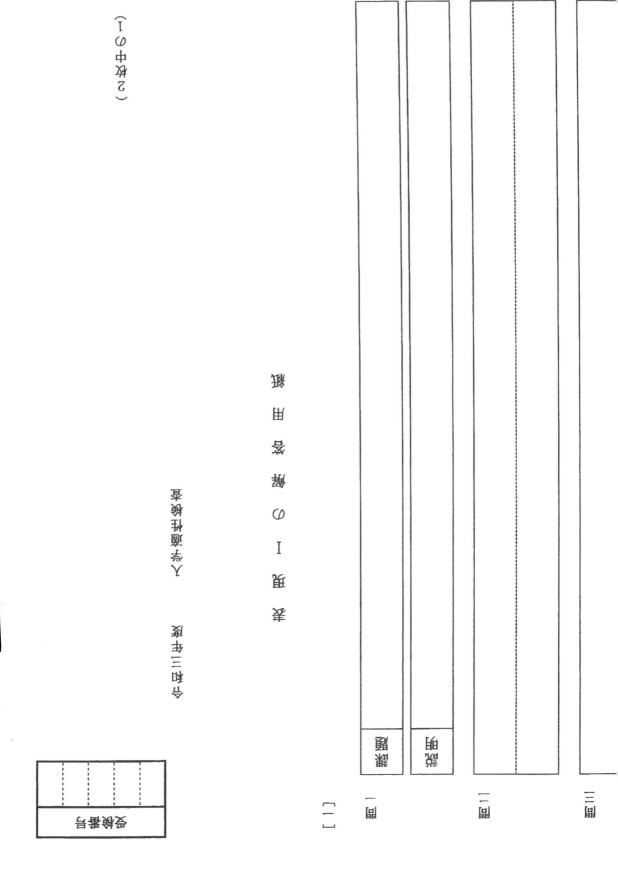

ア

イ

問六

（山極さん）

（尾本さん）

問七

（このらんに書いてはいけません）

A	B	C	D	E	F	G	H	I	J

令和3年度　入学適性検査

受検番号

表現Ⅱの解答用紙

(2枚中の1　表)

この欄《らん》に書いては
いけません

[1]	(1) 式または説明 答え　A　　　B　　　C	A
		B
	(2) 式または説明 答え	C
[2]	(1)　式または説明	

表現Ⅱの解答用紙

（2枚中の1　裏）

この欄《らん》に書いては
いけません

[3]	式または説明 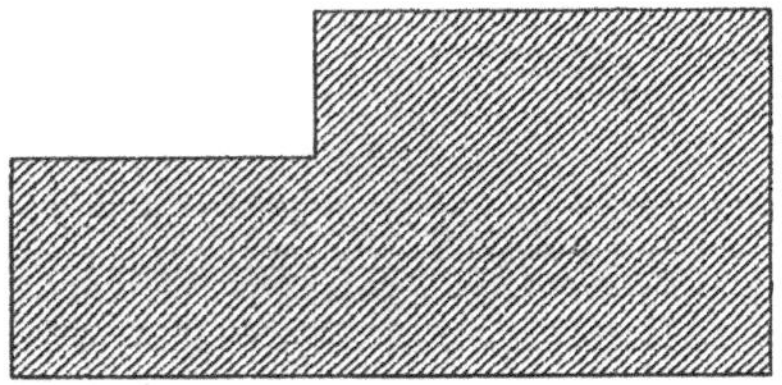 答え
[4]	（1）式または説明

E	
F	
G	

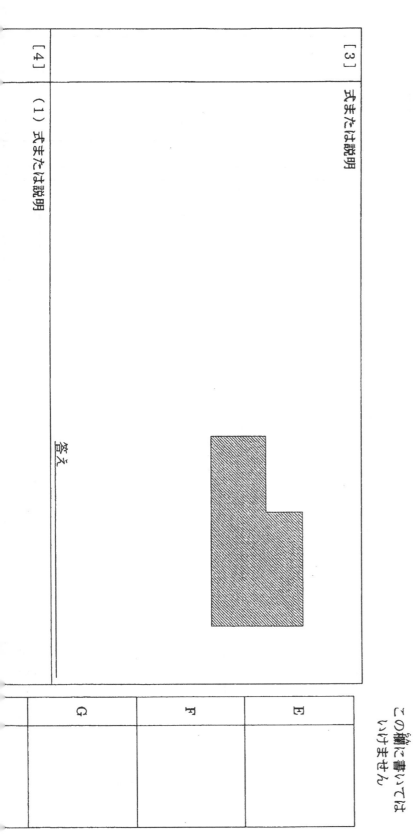

令和3年度　入学適性検査

受 検 番 号

（ 2枚中の2 ）

表現Ⅱの解答用紙

この欄《らん》に書いては
いけません

[5]	(1)	
	(2)	
	(3)	
[6]	(1)	

I	
J	
K	

（2）		
（3）	（図）	（説明）

M	
N	

答え

（２）式または説明

答え　A　　　　B

（３）

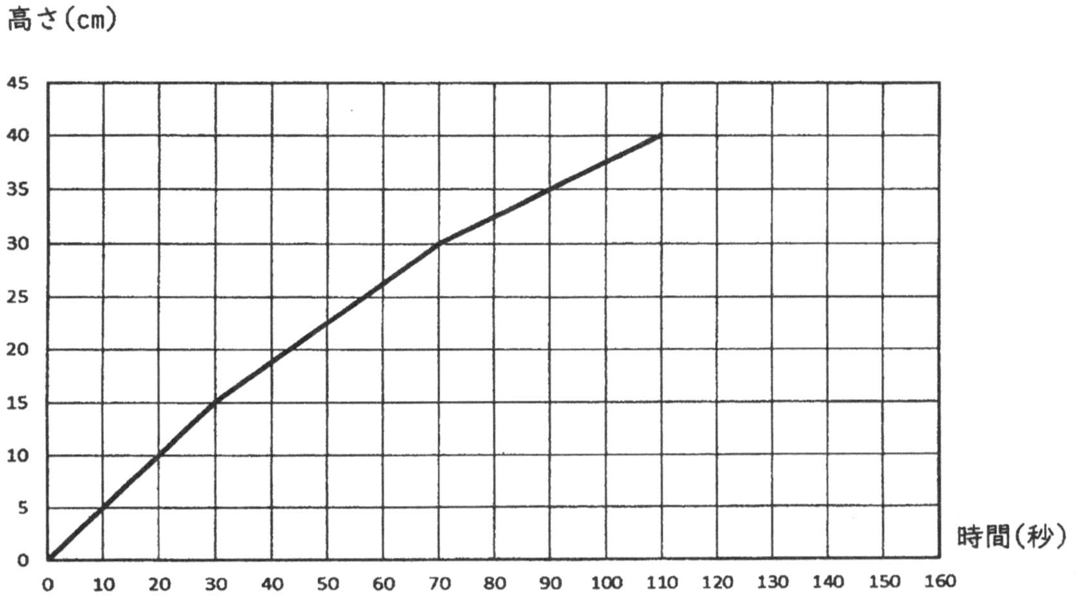

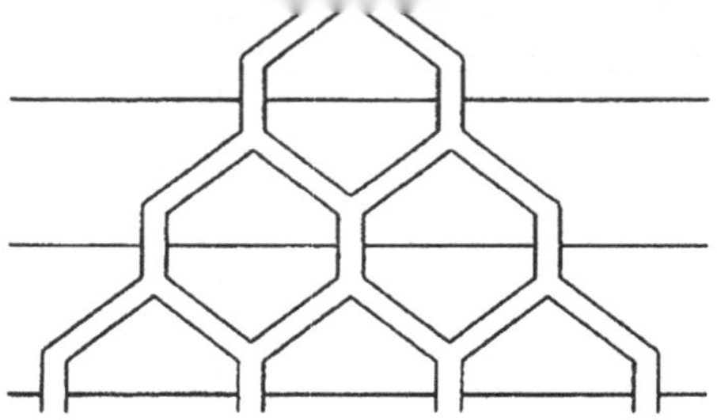

答え ＿＿＿＿＿＿＿＿

（2）　式または説明

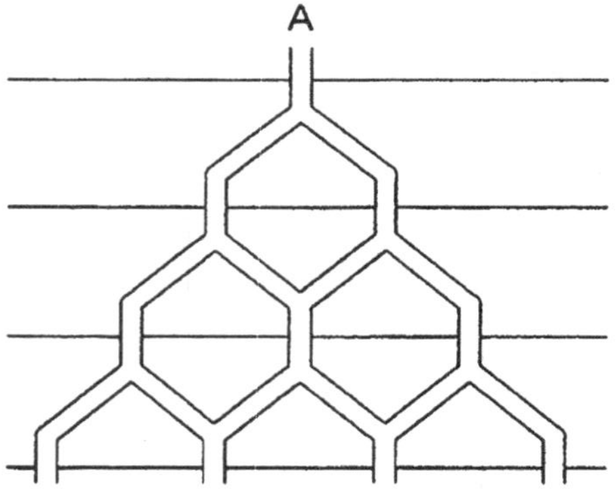

答え ＿＿＿＿＿＿＿＿

※100点満点
（配点非公表）

受検番号

令和三年度　入学適性検査

表現Ⅰの解答用紙

［二］

問一

a

b

c

d

e

問二

問三

A

B

問四

タイタスが山極さんを覚えていたという現象は、

問五

問四

A	B	C	D	E

（このらんに書いてはいけません）

※100点満点
（配点非公表）

図 2

図 3

（1） 下線部について，金属に共通する性質を，温度による体積変化以外で 2 つ答えなさい。

（2） 金属 A，金属 B とは異なる金属 C を用いて，金属 A と金属 C でできたバイメタル②を用意しました。バイメタル②をバイメタル①と同じ温度まで加熱したところ，図 3 のように，バイメタル①よりも大きく曲がりました。金属 A，金属 B，金属 C の体積変化の仕方に注目して，図 2 と図 3 の実験結果からわかることを書きなさい。

（3）（2）で述べたことが正しい結論かどうかを確かめる実験を考えて説明しなさい。ただし，以下の条件を守ること。

＜条件＞

・バイメタルを用いないこと

・金属の形は板状以外のものを用いてもよい

なお，解答欄《らん》の左側には実験で用いる金属の形を図で示し，右側には実験方法を書きなさい。

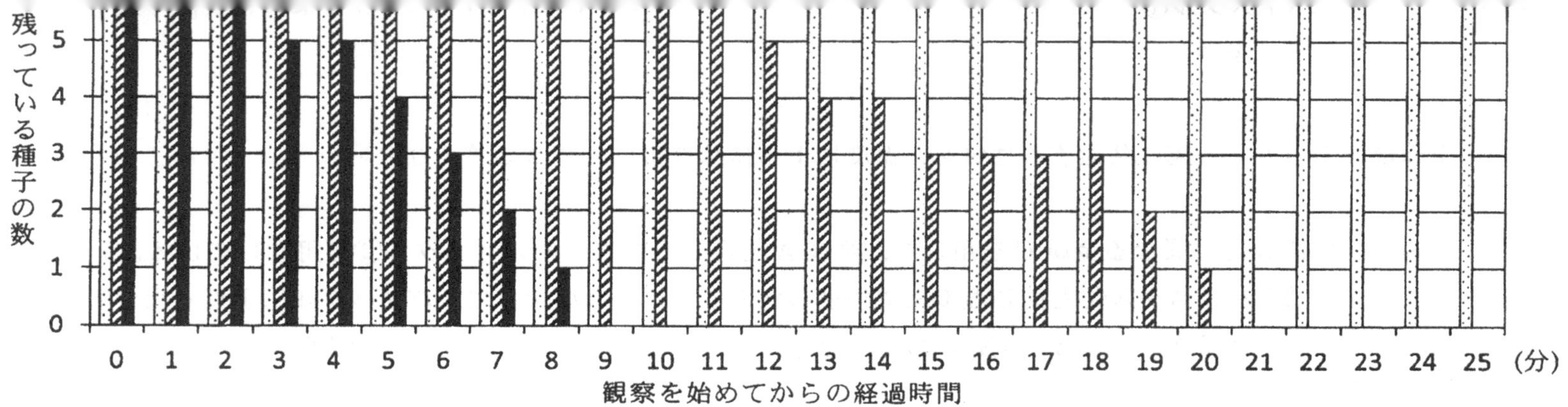

図２　実験結果

（１）下線部について，種子が発芽できるのは，アリの巣が発芽条件を満たしているためです。その条件とは何ですか，２つ答えなさい。

（２）アリの種子運びについて，図２の実験結果から考えられることを，図１のスケッチと特徴と関連付けて２つ答えなさい。

（３）次に，イヌノフグリの種子のかわりに，図３のようなオオイヌノフグリの種子を使って，同様の実験を行いました。その結果，図２とほぼ同じ実験結果になり，オオイヌノフグリの種子はアリに運ばれました。アリの種子運びに影響する種子の特徴は何であると考えられますか，説明しなさい。

オオイヌノフグリ

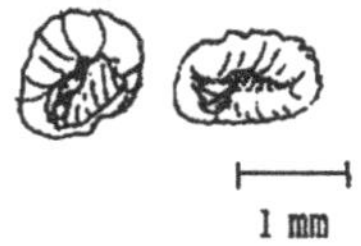

見た目は茶色。
中央のくぼみには，白いかたまりが入っている。

図３　種子のスケッチと特徴

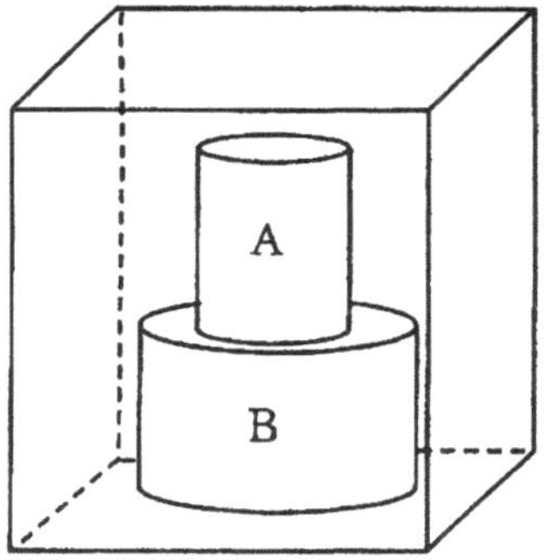

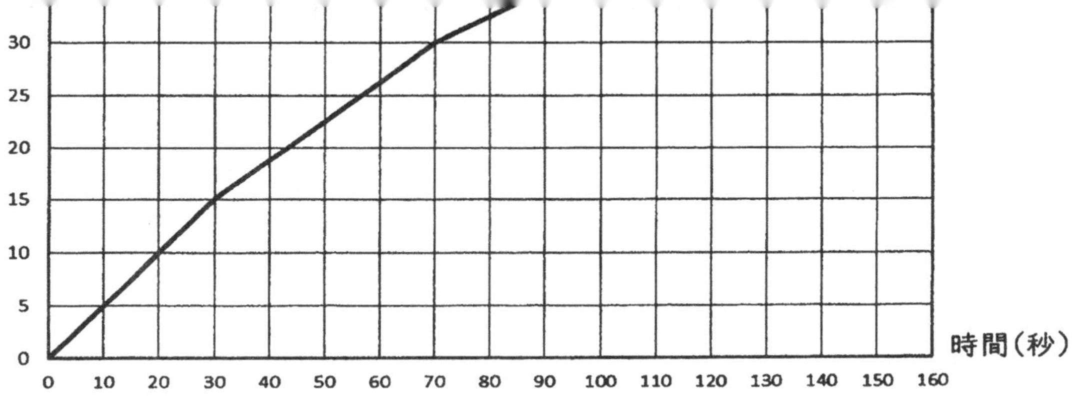

（1）水を毎秒何 cm^3 の割合で入れましたか。

（2）2つの円柱 A，B の体積をそれぞれ求めなさい。

（3）2つの円柱 A，B を取り出して，たて 20cm，横 40cm，高さ 30cm の空の水そうに置きました。円柱の上下の置き方は初めと同じです。そのとき，初めと同じ割合で水を入れると，水面の高さは時間とともにどのように変化しますか。満水になるまでのグラフを元のグラフにかき加えなさい。

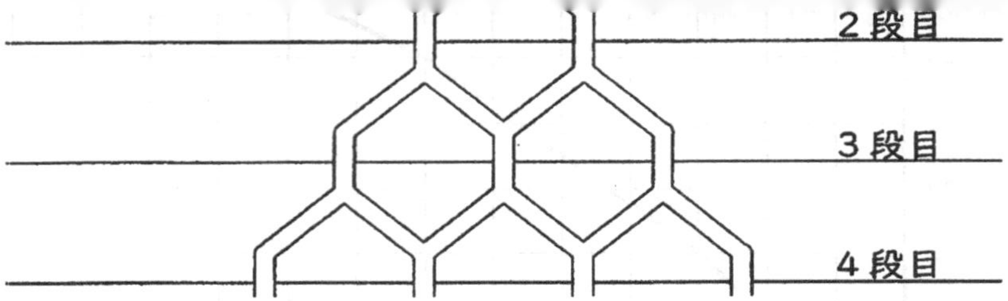

（1）Aから135Lの水を流したとき，上から4段目に並んでいるパイプのうち，水の流れる量が最も多いのは，左から何番目のパイプですか。また，そのパイプに流れる水の量を求めなさい。

（2）上から5段目に並んだパイプのうち，水の流れる量が最も多いのは160Lでした。このとき，Aから入った水の量は何Lでしたか。

表現Ⅰの問題

問五　――線部4「日本でも、それと同じような話があるんです」とありますが、タイタスとゴンちゃんがどのような点で同じなのかについて、次の表にまとめます。空らんア・イにあてはまる内容を、文中のことばを利用して書きなさい。

	行動	共通点
タイタス	山極さんと久しぶりに会ったとき、一日以上たってから、すっと山極さんの所に来た。	イ
ゴンちゃん	ア	

問六　――線部5「テレビ局はあきらめて引き揚げようとしたんですけど、そのとたんに登り始めた」とありますが、ゴンちゃんが登り始めた理由を「山極さん」と「尾本さん」はそれぞれどのように考えましたか。自分で考えて書きなさい。

問七　さくらさんの学校では、小型のドローン（無人飛行機）をコンピュータでプログラムして飛ばすプログラミングの授業があります。その授業では、次の「課題」を解決します。

「課題」

試行錯誤・・・ものごとがうまくいくか実際に試してみること
類人猿・・・最もヒトに近く、知能の進んだサルの仲間

問一　══線部a～eを漢字に直しなさい。

問二　――線部1「それ」とありますが、どういうことを指していますか。文中のことばを利用して二十字程度で書きなさい。

問三　――線部2「ゴリラが笑い声をあげる？」とありますが、尾本さんがこのように発言した理由を次のように説明します。（　A　）、（　B　）にあてはまることばを、（　A　）は文中のことばを利用して十字程度で書き、（　B　）は自分で考えて五字程度で書きなさい。

説明　（　A　）と考えていた尾本さんにとっては、山極さんの発言が、（　B　）と思えたから。

問四　――線部3「それでは論文にならないのです」とありますが、タイタスが山極さんを覚えていたという現象は、なぜ「論文にならない」のですか。解答らんに合うように文中の言葉を利用して書きなさい。ただし、「説得力」という言葉を必ず使うこと。

令和三年度　入学適性検査

表現Ⅰの問題

表現Ⅰの問題

問二　――線部2について、日本の鉄器時代は弥生《やよい》時代以降を指します。弥生時代から古墳《こふん》時代にかけて、鉄はどのような道具に加工され、それにより社会はどのように変化したか、道具の例をあげて説明しなさい。

問三　――線部3について、ガラスは古くから工芸品などに用いられてきました。次の写真は、正倉院宝物《しょうそういんほうもつ》の一つである「白瑠璃碗《はくるりのわん》」というガラスの容器です。この容器はどこで作られ、その後どのようにして日本にもたらされたと考えられていますか、説明しなさい。

出典：宮内庁《くないちょう》ホームページ

問一 ――線部１について、次のグラフから読みとれる、日本の農業がかかえる課題を答えなさい。そして、その課題を解決するために、近年どのような技術が用いられているか、具体例を一つあげて説明しなさい。

農業で働く人の数の変化（年齢《ねんれい》別）

農林水産省調べをもとに作成

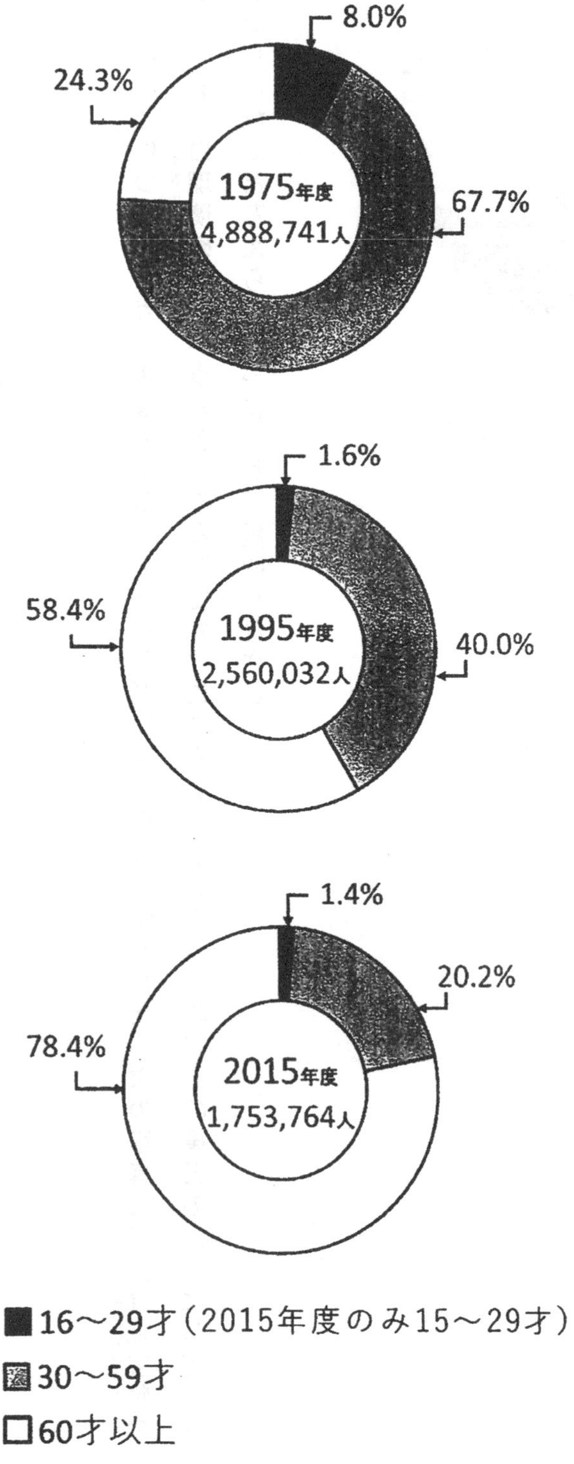

令和二年度　入学適性検査

表現Ⅰの問題

（60分）

奈良女子大学附属中等教育学校

（6枚中の1）

［一］　次の文章を読んで、後の問いに答えなさい。

現代の世界は、さまざまな課題に直面しています。地球温暖化などの環境《かんきょう》問題、貧困《ひんこん》などの経済問題、飢餓《きが》などの食糧《しょくりょう》問題、それ以外にも、教育、医療《いりょう》・衛生、人権、平和など、取り組まなければならない課題が山積みです。このような課題に対して、世界中でさまざまな取り組みがなされてきました。しかし、どれも不十分であるということで、国際連合で二〇一五年に、「ＳＤＧｓ《エスディージーズ》」（17の持続可能な開発目標）が決められました。その目標のなかから、四つ取りあげてみてみましょう。

「気候変動に具体的な対策を」

地球温暖化の深刻な影響《えいきょう》を目《ま》の当たりにしていない国はありません。世界各地で自然災害が多発し、日本でも、洪水《こうずい》などの災害が増えています。1古くから自然災害が多い日本では、各地域で行われてきた対策があり、私たちもそれに学ばなくてはなりません。

「すべての人に健康と福祉《ふくし》を」

医療の進歩にもかかわらず、世界では、五歳《さい》の誕生日を迎《むか》えられずに命を落とす子どもが、依然《いぜん》として六〇〇万人を超《こ》えています。これらの死は、予防や治療、教育などによって、減らしていくことができます。2あらゆる年齢《ねんれい》のすべての人が健康的な生活を確保し、福祉を推進していく必要があります。

「住み続けられるまちづくりを」

現在、世界の人口の半分以上が都市で生活しています。二〇五〇年までに都市の人口は65億人と、全人口の三分の二に達する見込《みこ》みです。3都市という空間のあり方を大きく変えない限り、私たちは4持続可能なまちづくりを行うことができません。

「貧困をなくそう」

問五 ——線部5について、左の例1の貧困と例2の貧困では違いがあります。どのような違いがあるのかを説明しなさい。

例1 「私は生きるために毎日13時間働いています。家族は誰も学校で勉強したことがありません。周りには同じような子どもがたくさんいます。私は9歳です。」

例2 「私は高校生です。友だちはみんな大学へ行きます。でも、私は働かなくてはなりません。学費が払《はら》えないからです。私も大学で勉強したいです。」

江戸のまちで働く人々

国立国会図書館より

【絵③】
提灯《ちょうちん》の張《は》り替《か》え業者

【絵④】
下肥《しもごえ》（人糞《じんぷん》）買い業者

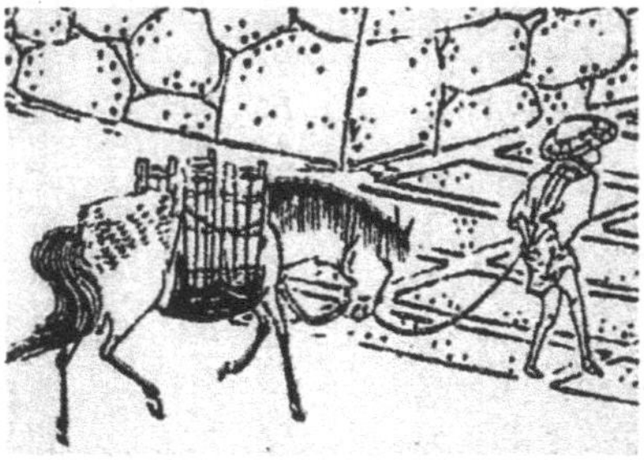

【絵①】江戸

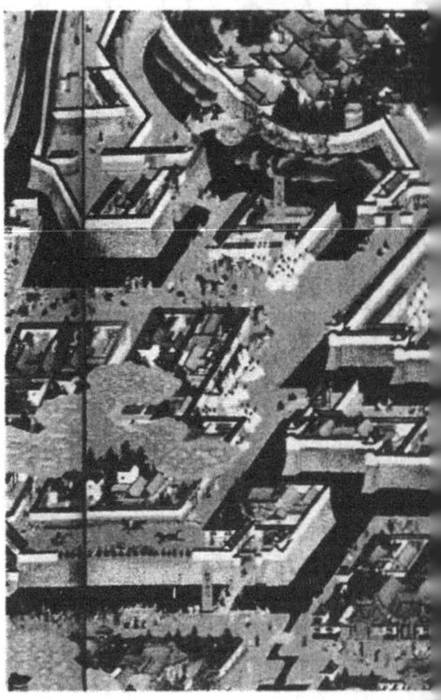

国立歴史民《み》

【絵②】大阪

大阪城

表現Iの問題

［二］次の文章を読んで、後の問いに答えなさい。

皆《みな》さんは毎朝、皆さんの学校までの道のりを歩いてくる。大抵《たいてい》は友達と一緒《いっしょ》ににぎやかに歩いてくるのかもしれない。だが遅刻《ちこく》して一人で登校する日もあるだろう。「自分はなぜこの学校に通っているのだろう。どうして勉強しなければならないのだろう」なんて思いながら。立ち止まって振《ふ》り返《かえ》ると、遠くに拡《ひろ》がる緑豊かな風景が眼《め》に入ってきたりする。青空が広がっていたり、鳥がのびのびと飛んでいたりする。耳を澄《す》ませば、路傍《ろぼう》の草むらから虫たちの声が聞こえてくるだろう。その光景の中で一人、1皆さんはこんなふうに思ったかもしれない。

「世界があり、その中で僕《ぼく》は生きている。けれども、あの鳥と僕はどこか違《ちが》う。鳥は、だれにも妨《さまた》げられず自由に空を飛んでいる。しかし自分は制服を身にまとい、学校へ向かわなければならない。どうしてあの鳥のように、自由に生きられないのだろう」と。

2自分と世界の関係が、鳥が空を飛んでいるようにはぴったりと感じられない。ほんのわずかな、しかし自分ではどうしようもない宿命的なずれ。自分がこの世界にいるということがとても不思議な、奇妙《きみょう》なことに思えてくるのだ。同時に強い孤独《こどく》感が押《お》し寄《よ》せてくる。周りには家族も友達も、学校の先生たちもいるが、「自分一人でここに生きている」という感覚だ。知らないふりをしていてはいけない。よく思い出してほしい。感じた覚えがきっとあるはず。こうした感覚は大人になると失われてしまう。けれども実はこの感覚こそ、学ぶことの根拠《こんきょ》に触《ふ》れている証《あかし》であり、あらゆる未来の「種」を生み出す起点にほかならない。

鳥は、本当に自由なのだろうか。私はそうではないと思う。鳥はいわば空の中に閉じこめられている。魚も同様で、水の中に閉じこめられている。鳥は空を「空」とは呼ばず、魚も水を「水」と名づけることはない。3人間がするようには自分の住む世界を対象として捉《とら》えることがないからだ。人間は言葉を用い、空を「空」と呼び、海を「海」と名づけた。いわば世界と自分をはっきり分けて認識《にんしき》している。その意味で人間は、世界に閉じこ

ニューロン・・・神経を構成する単位
メカニズム・・・仕組み
端的に・・・はっきりと分かりやすく
膨大・・・量が非常に多いこと
アクシデント・・・思いがけないできごと
突然変異・・・親とは異なった様子が、思いがけず、子どもにあらわれること

問一　══線部a～eを漢字に直しなさい。

問二　──線部1「皆さんはこんなふうに思ったかもしれない」とありますが、「皆さん」がどのような疑問を持ったと筆者は想像していますか。文中のことばを利用して、解答らんに合うように四十字程度で書きなさい。

問三　──線部2「自分と世界の関係が、鳥が空を飛んでいるようにはぴったりと感じられない」とありますが、「自分と世界の関係」について、どのように感じられると筆者は述べていますか。文中のことばを利用して四十五字程度で書きなさい。

問四　──線部3「人間がするようには自分の住む世界を対象として捉えることがないからだ」とありますが、「世界を対象として捉える」とはどうすることですか。解答らんに合うように、文中から十五字程度でぬき出しなさい。「、」「。」などの記号も数えます。

表現Ⅰの問題

問五　――線部4「それが歴史ということ」とありますが、筆者はここで「歴史」という語をどういう内容を表すことばとして使っていますか。解答らんに合うように、文中から四十字以内でぬき出しなさい。「、」「。」などの記号も数えます。

問六　――線部5「二重の学び」とありますが、これの説明となっている部分を文中から二十五字以内でぬき出しなさい。「、」「。」などの記号も数えます。

問七　――線部6「若さとは、弱点であると同時に世界を変えていく力でもあるのだ」とありますが、これはどういうことですか。本文の内容をふまえて説明しなさい。

問八　左の写真は沖縄《おきなわ》県の「美《ちゅ》ら海《うみ》水族館」の大水槽《すいそう》の様子をあらわしたものです。この写真に写っている人の中に、修学旅行で水族館を訪れたA君とBさん、C先生とD先生の四人がいます。後の四人の会話を読んで、①・②に答えなさい。

D先生　C先生の言うことはその通りだとは思うんだけれども、人間の可能性ってそれだけじゃないですよね。例えば、海に潜れる道具を人間が作ろうと考えたのは、サメや魚が、人間が住む陸上とは比べものにならないぐらい広い海を泳ぎ回っているということを、人間が知ることができたり想像したりすることができたりするからですよね。

つまり、人間には［　　　　　　　　　　］という可能性もあるのです。

① C先生が話している内容と、本文で筆者が述べている内容の共通点を一つ説明しなさい。

② D先生の最後の発言には空らんがあります。この空らんにあてはまる内容を、自分で考えて書きなさい。

表現Ⅱの問題

計算問題では，答えだけでなく，計算式や途《と》中の計算も解答用紙に書きなさい。
必要な場合は，単位をつけて答えなさい。
円周率を用いる場合は，3.14 としなさい。

(60分)

［１］川にいるメダカは，水に流されずに同じ場所にとどまるように泳ぎます。メダカが泳ぐ向きには，水流だけではなく，メダカから見た景色の動きが関係していることが知られています。景色の動きとメダカが泳ぐ向きについて調べてみると，次のような実験が紹介《しょうかい》されていました。下の問いに答えなさい。

実験　数ひきのメダカを入れた円形の水そうを３つ用意しました。それぞれの水そうの周りを，白と黒の縦じま模様または白い紙で囲んで，次のＡ～Ｃの操作を行い，メダカの泳ぎ方を観察しました。ただし，水そうと紙はくっついておらず，紙だけを操作できるものとします。

A.白黒の紙を回転させない	B.白黒の紙を回転させる	C.白い紙を回転させる

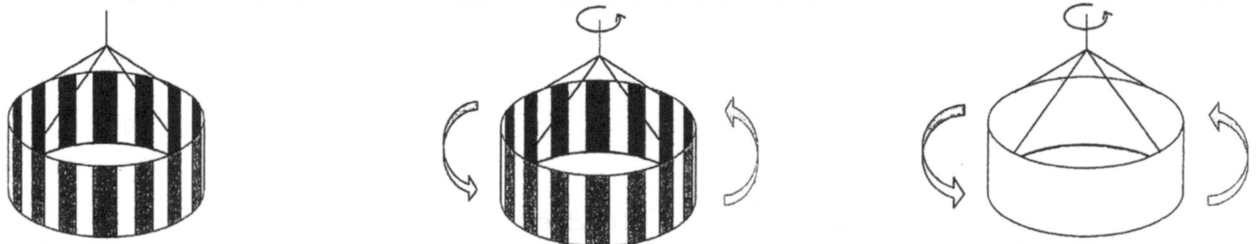

結果

A	B	C
ばらばらの向きに泳いだ	模様の動きに合わせて回転と同じ向きに泳いだ	ばらばらの向きに泳いだ

（１）この実験を行う際に，すべての水そうで同じにしなければならない条件がいくつかあります。そのうちの３つを答えなさい。

（２）この実験から，景色の動きとメダカの泳ぎ方にはどのような関係があると考えられますか。A，B，Cの結果を用いて説明しなさい。

表現Ⅱの問題

［３］点Ｐはまっすぐに進み，図１のように，かべに当たると当たった角度と等しい角度ではね返ります。いま，図２において，点Ｐが点Ａから出発して，上下のかべに当たってはね返りながら止まることなく進んでいきます。次の問いに答えなさい。

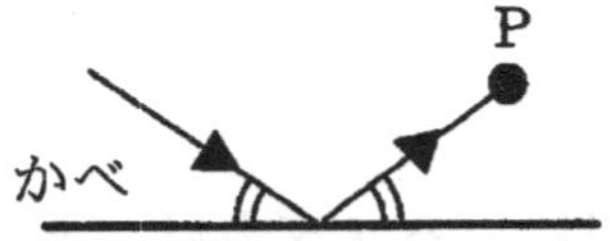

図１

（１）角アの大きさを求めなさい。

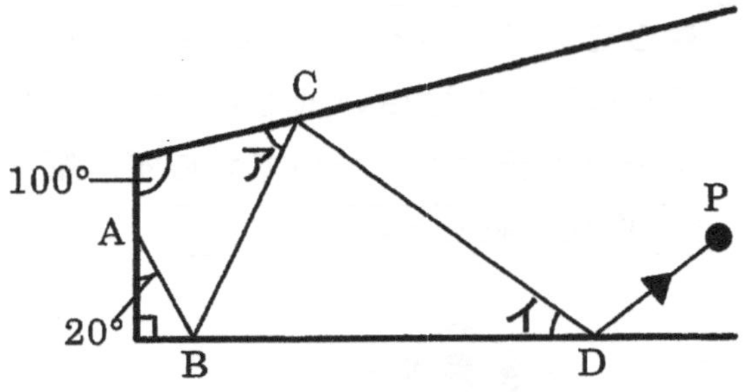

図２

（２）角イの大きさを求めなさい。

（３）点Ｐは上下のかべに合計で何回当たりますか。理由とあわせて答えなさい。

［４］３種類のカード

表現Ⅱの問題

［５］一辺の長さが 1cm である正方形の厚紙を右の図のようにつなげて，AB を軸《じく》として１回転させたときにできる立体の体積は何 cm^3 ですか。

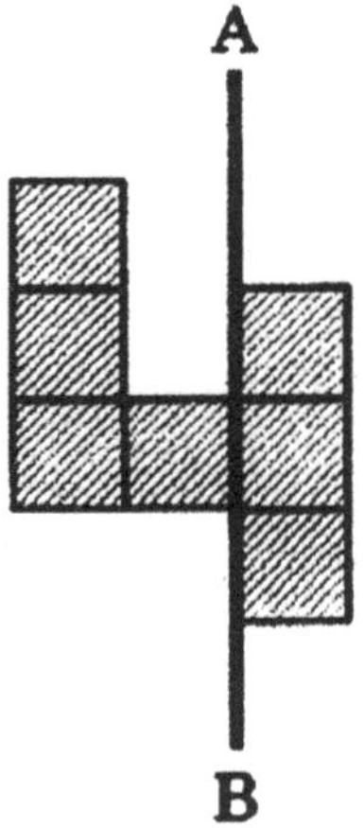

［６］２台の乗り物 A，B が２地点 P，Q の間を往復して走っています。A は地点 P を，B は地点 Q をそれぞれ同時に出発します。A は毎秒 20m の速さで走り，B は A よりも遅《おそ》い一定の速さで走ります。地点 P または Q に到着《とうちゃく》した乗り物は，一定の同じ時間だけその地点に停車して，再び出発します。いま，A が地点 Q にはじめて到着して，再び A が動き出したのと同時に，B が地点 P にはじめて到着しました。グラフは A と B の間の距離《きょり》の変化を表したものです。次の問いに答えなさい。ただし，乗り物の大きさは考えません。

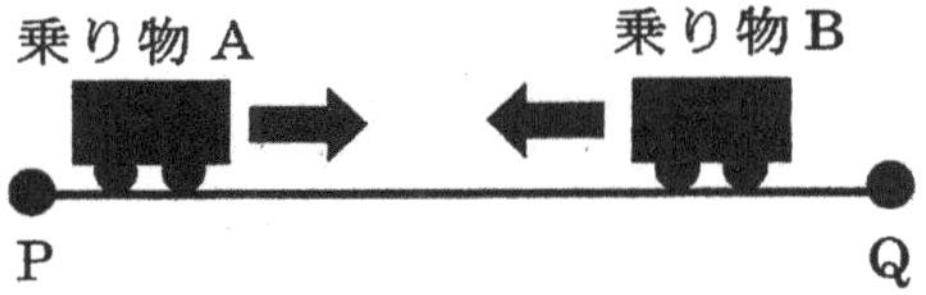

受検番号

令和二年度　入学適性検査

表現Ⅰの解答用紙

（2枚中の1）

［一］

問一

問二

人物の名前

業績

問三

こと

問六

問七

問八
①

②

（このらんに書いてはいけません）

A	B	C	D	E	F	G	H	I

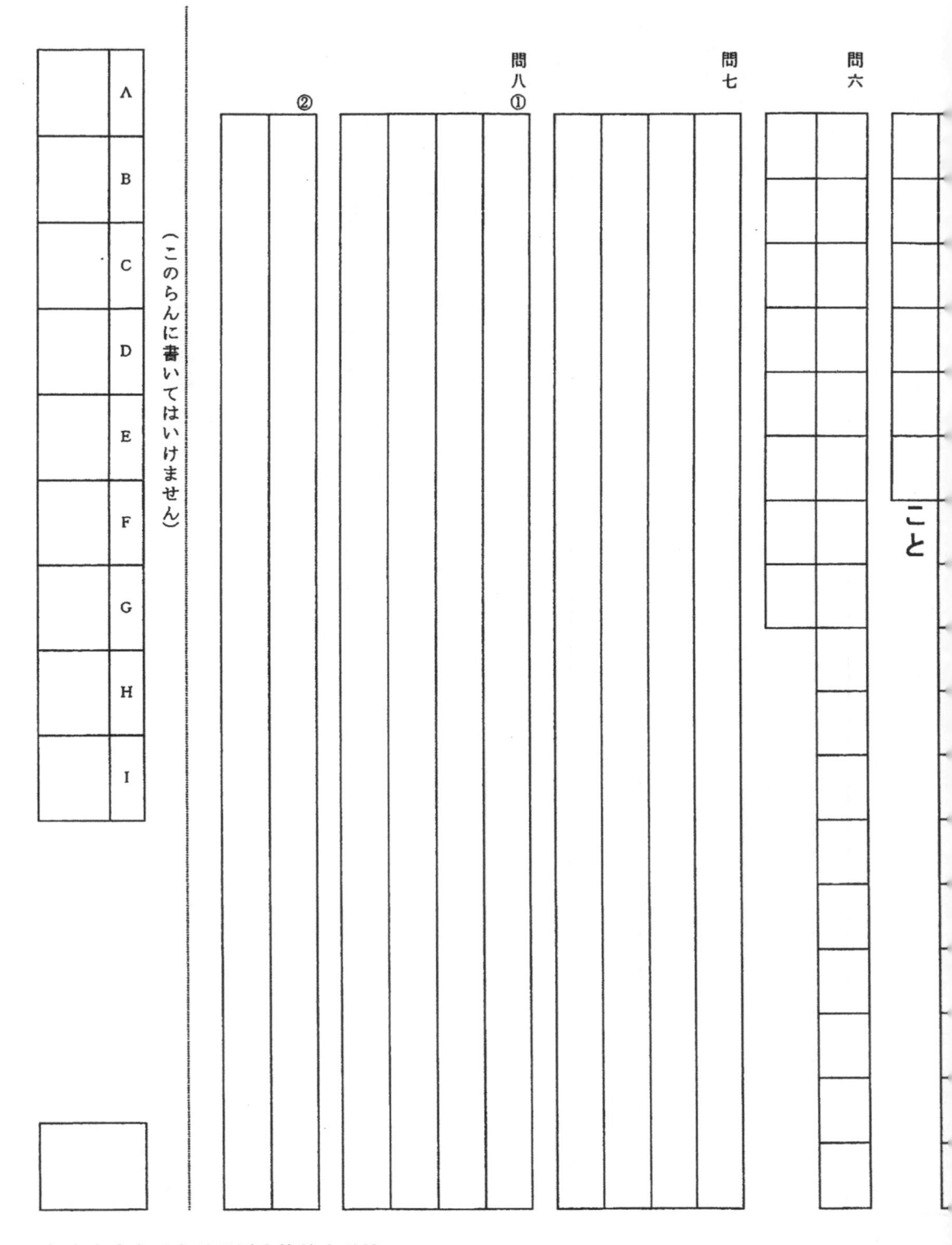

令和2年度　入学適性検査

受検番号

（　2枚中の1　）

表現Ⅱの解答用紙

この欄《らん》に書いては
いけません

A	
B	
C	

［1］	（1）			
	（2）			
	（3）			
［2］		考え方		

令和2年度　入学適性検査

受検番号

（　2枚中の2　表　）

表現Ⅱの解答用紙

この欄《らん》に書いては
いけません

[3]	（1）式または説明 答え	（2）式または説明 答え
	（3）説明	

G	
H	
I	

表現Ⅱの解答用紙

［5］	式または説明 答え＿＿＿＿＿＿
［6］	（1）式または説明

この欄《らん》に書いては
いけません

M	
N	
O	

答え

（3）式または説明

答え

（4）式または説明

答え

Q	

答え

[4]	（1）式または説明 答え □□□□□
	（2）式または説明 答え
	（3）説明

K	
L	

答え：＿＿＿＿＿＿＿g

（2） ①考え方

答え：＿＿＿＿＿＿＿g

②

E	
F	

※100点満点
（配点非公表）

受検番号

令和二年度　入学適性検査

表現Ⅰの解答用紙

（2枚中の2）

［二］

問一

a

b

c

d

e

問二

という疑問

問三

問四

すること

問五

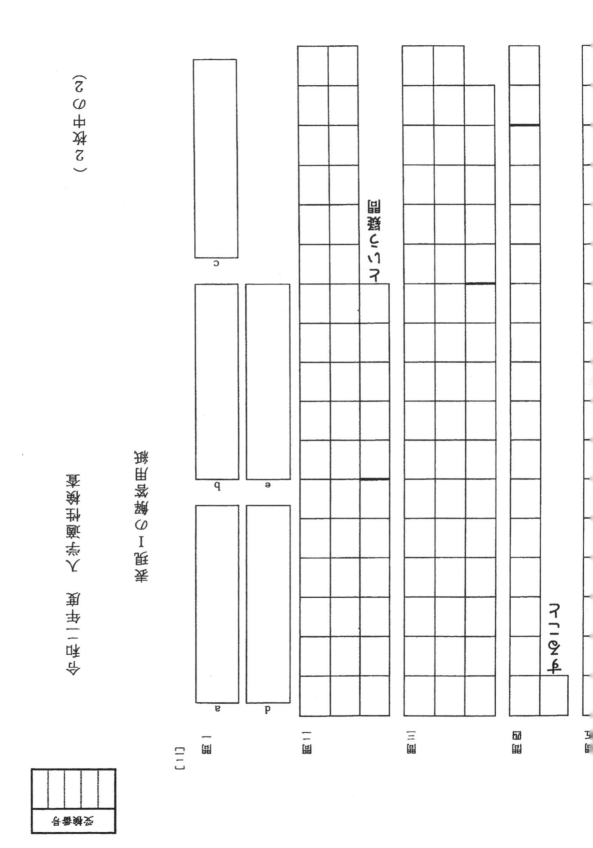

問四

問五

（このらんに書いてはいけません）

A	
B	
C	
D	
E	

※100点満点
（配点非公表）

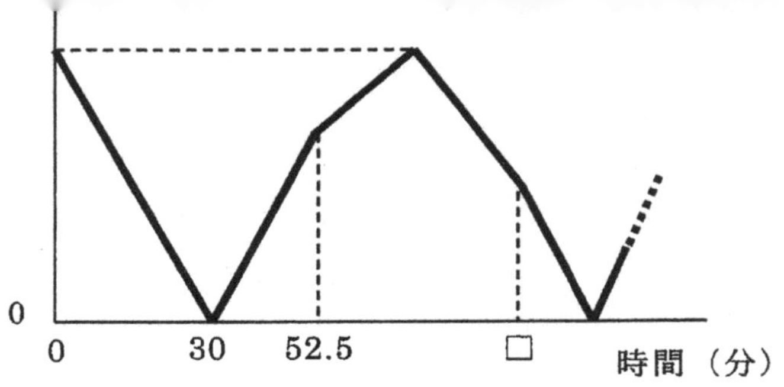

（1）2つの地点PとQの間の距離は何kmですか。

（2）Bの速さは時速何kmですか。

（3）グラフ中の□に当てはまる値を求めなさい。

（4）2台の乗り物が2回目に出合うのは，最初に出合ってから何分後ですか。

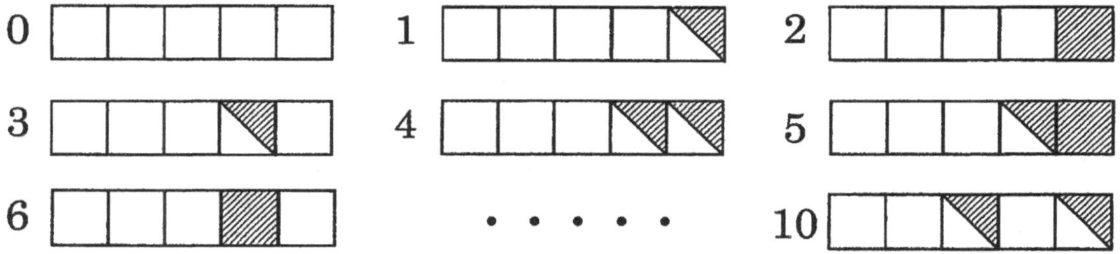

（1）この規則にしたがって，13 を表しなさい。 

（2）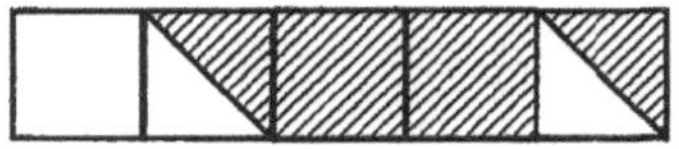 が表している数はいくつですか。

（3）全部で 100 枚のカードを横一列に並べる場合を考えます。このうち，2 枚を 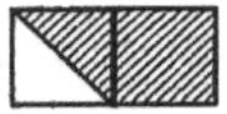 とつなげて，残り 98 枚はすべて  を並べます。この 100 枚のカードを用いて表される数は，かならず 5 の倍数であることを説明しなさい。

ますか。理由とあわせて答えなさい。

［2］てこのはたらきについて，次の問いに答えなさい。糸は細く軽いものとし，棒はどの場所も同じ材質でできていて，支点から両端《りょうはし》までの棒の長さは等しいとします。

（1）図1のように，支点から左へ10cm，20cmの位置にそれぞれ100g，50gのおもりをつるし，支点から右へ10cmの位置に200gのおもりをつるすと，てこは水平になりました。支点から左へ15cm，20cmの位置にそれぞれ20g，10gのおもりをつるしたとき，支点から右へ10cmの位置に何gのおもりをつるすと，てこは水平になりますか。

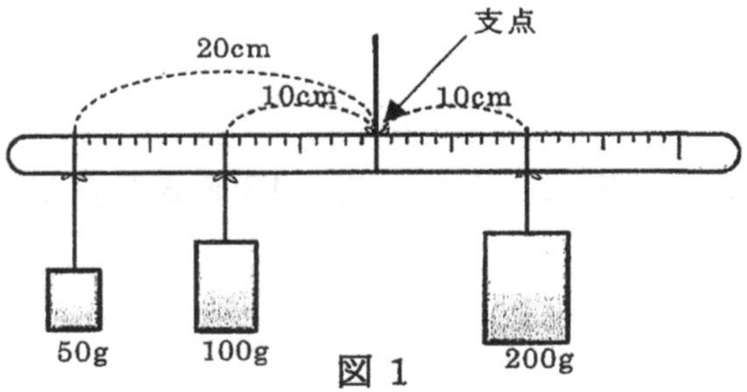

図1

（2）図2のように，100g，10gの2種類のおもりを1つずつ用いて，てこが水平になったときのおもりの位置から，ものの重さを求めるはかりをつくりました。<u>はかりたいものを支点から左へ 10cm の位置につるします</u>。おもりは支点から右へ20cm以内の位置で，棒に書かれている1cmの間かくの目盛りの位置につるします。おもりを1つにしたり，2つのおもりを同じ位置につるしても構いません。

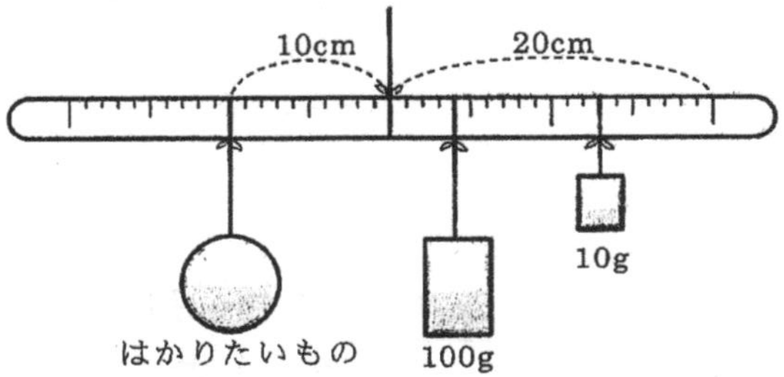

図2

① このはかりを使うと，はかりたいものの重さは何gの間かくまで細かくはかることができますか。

② 下線部に関して，つるす位置を支点から10cmの位置より遠くすると，はかることができる重さはどのように変わりますか。1つ説明しなさい。

表現Ⅰの問題

C先生　この大水槽は七五〇〇トンの水の重さに耐《た》えられるように厚さが六〇センチメートルもあるんだ。厚くてもゆがまずに見えるように「日《にっ》プラ」という会社の職人さんたちが、失敗を重ねながら、協力や工夫《くふう》をして、十六枚の透明《とうめい》な板を接着して作ったんだ。

A君　すごいですね。だからあんなに大きなジンベイザメもすいすい泳ぐことができるぐらい大きい水槽ができたんだ。

Bさん　あ、水槽の左の下の方を見て、ダイバーさんがいる！

A君　いいなぁ。昨日、海で泳いだとき、サンゴ礁《しょう》がとってもきれいだったから、もっと深くもっと長く潜《もぐ》っていたかったんだよな。

C先生　人間はなかなか一〇〇メートルよりも深く潜れなかったんだけれど、二〇一四年にカナダの会社が三〇〇メートルまで潜ることができる潜水《せんすい》服を作ったんだよ。この大水槽もそうだけれど、人間はできないことや不自由さを技術や工夫で解消してきたんだよね。

A君　人間ってすごいですよね。

Bさん　でも、どんなに技術がすすんでも、ジンベイザメみたいに泳ぐことはできないですよね。

C先生　そうだね、Bさん。でもね、Bさんたちのような若い世代が、もっともっと工夫していけば、未来には

（Jordy Meow による Pixabay からの画像）

表現Ⅰの問題

実は新発見というものは、発見者が一五～一六歳《さい》の頃《ころ》からその種を自分の中に宿していることが多い。つまり、あなたたちの年になにかの「種」が宿されるということ。これは分野によらない。このことが端的《たんてき》に示しているのは、世界を変える力は知識ではなく「若い力」だということだ。若い力とは「知らない」力であり、「知っている」ということよりも「知らない」ということのほうが重要なのである。

理由の一つが「エラー」、つまり「失敗」する可能性だ。膨大《ぼうだい》な知識の体系に分け入った若者は、それを骨肉化しようとするとき、eアヤマった理解をすることもしばしばある。物事は、教えられたとおりに学ぶとは限らないからだ。新発見は、それまでの常識からすればエラー、あるいはアクシデントと呼ばれる事態の中でなされることが多い。人間が何かを成《な》し遂《と》げる力は、エラーにこそある。生物としての人類もそうやって進化してきたはず。突然《とつぜん》変異というエラーを利用することで環境《かんきょう》に適応し、生き残ってきたのだから。歳《とし》をとると失敗を恥《は》じるようになり、エラーを起こせなくなっていくが、エラーを恐《おそ》れてはならない。6若さとは、弱点であると同時に世界を変えていく力でもあるのだ。

「知らない」ことは大きな力にもなりうる。エラーをする可能性はおおいにあるが、それは、誰《だれ》も考えつかなかったことを行う可能性でもある。学校では「間違《まちが》えてはならない」という雰囲気《ふんいき》が形成されがちだが、それは世界を変える力を逆に失わせてしまうことになるかもしれない。

（小林康夫『何のために「学ぶ」のか』所収「学ぶことの根拠」
ちくまプリマー新書より　一部表記を変えたところがある）

（注）大抵・・・だいたい、おおよそ
路傍・・・道のほとり
数学や物理学、工学・・・それぞれ学問の分野
体系・・・筋道を立ててまとめること
暦・・・時間の流れに対して、年・月・週などに区切ること

重要なことは、このずれがあるからこそ、人間はほかの動物のように自足することができず、自分が生きる世界をaタえず作り替《か》えていかなければならないということ。例えば、森を切り拓《ひら》き、田畑をつくる。これこそ人間だけが持っている自由であり、人間が自由である証しなのだが、見方を変えれば、その自由に閉じこめられているともいえなくはない。人間は、自分が生きている世界と自分との間に越《こ》えがたいずれを感じながら、(孤独ではあるけれども)自由に、世界を学び、世界を自分に合うようにつくり替える努力を積み重ねてきた。4それが歴史ということ。私たちは今、その結果としての世界を生きているのだ。

しかし現代において、人間が行っている世界のつくり替えは、あまりにも高度でbフクザツだ。例えば、地下鉄を通したり、ジェット機を飛ばしたりしているが、そのために何が必要かを挙げてみればわかる。まず、言葉を知らなければならない。世界の仕組みを理解して記述するには、数学がなければならない。物理学も工学もc力かせない。いくつものことを積み重ねて、ようやくジェット機が一機、空を飛べる。

そうした数学や物理学、工学は、自然そのものではなく、人間が自然を学びながらつくり出した体系であるから、学ぶことには二段階あることになる。星の運行から暦《こよみ》をつくり、めぐるdキセツの知識を生かした耕作や狩猟《しゅりょう》を行うなど、自然を学ぶことが第一段階だとすれば、自然を学んだ人間がつくり出したものを学ぶことが第二段階だ。現代を生きる我々には、この「5二重の学び」が宿命づけられており、この第二段階のために特に必要とされているのが学校ということになる。

人間がつくり出したものは数えきれず、一人では到底《とうてい》学びきれない。人間は学ぶべきことを増やしすぎたのではないかと思うほどだ。研究分野の細分化も近年ますます進行している。例えば、脳の「海馬」という部分を研究している脳科学者の知人がいる。人間は何かを学ぶたびに海馬の最深部で「新生ニューロン」という神経組織を生成している。知人はこのメカニズムを研究しているのだが、同じ研究に取り組む研究チームは世界におよそ一〇〇チームもあり、日々成果を競《きそ》っているという。

たしかに、何をするにせよ勉強して覚えるべきことは多い。新生ニューロンに限らず、何か新発見をするほどの研究者になりたいのであればなおさらだ。しかし知識量で勝《まさ》る者が強者かというと、現実はそうなっていない。

表現Ⅰの問題

のようす

館より

【地図①】江戸の都市図

■：町人が住む場所

□：武士が住む場所

●：大名屋敷《だいみょうやしき》

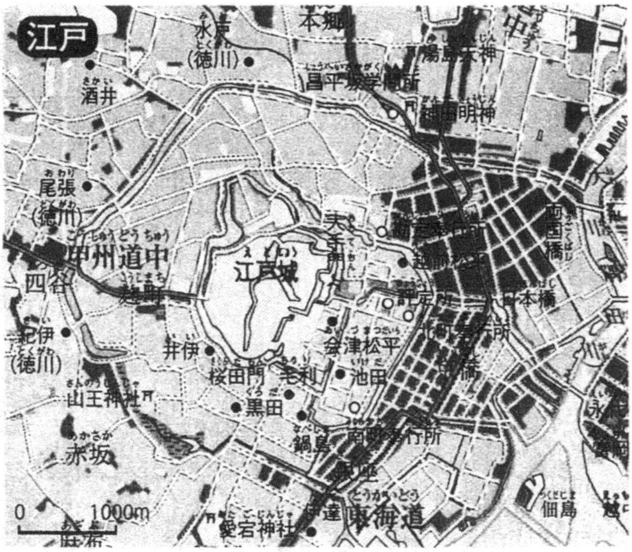

ようす

り

【地図②】大阪の都市図

■：町人が住む場所

□：武士が住む場所

・：蔵屋敷《くらやしき》

【地図①②】ともに帝国書院『歴史資料』より作成

今後、世界中の人々が、「誰《だれ》一人取り残さない」を合言葉に、さまざまな課題に立ち向かっていく必要があります。

問一　――線部1について、左の地図と写真は三重《みえ》県・愛知県・岐阜《ぎふ》県の県境付近の輪中《わじゅう》のものです。これらを参考にして、輪中のある地域で古くから行われてきたさまざまな水害対策を二つ答えなさい。

輪中の地図

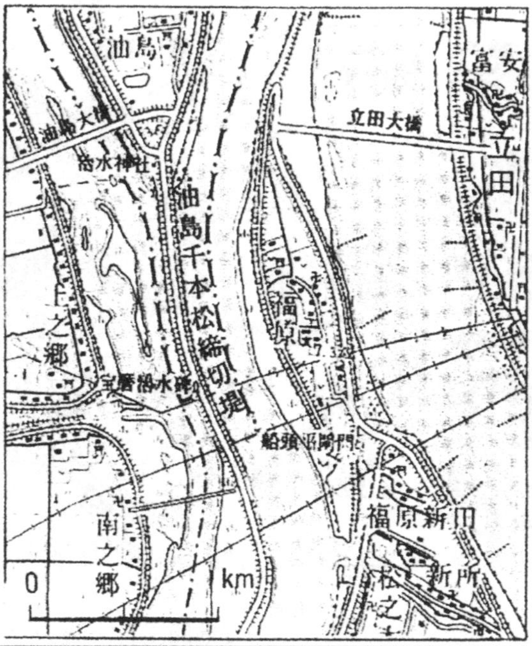

・━━・━━・━━ ：都道府県の境界
・━━・━━・━━・ ：市町村の境界

国土地理院5万分の1地形図を加工

輪中のなかの建物

農林水産省ホームページより

問二　――線部2に関連して、人々の健康のために貢献《こうけん》した歴史上の人物の名前を一つあげ、その業績を答えなさい。

問三　――線部3に関連して、問題用紙の2枚目の地図①・②と絵①・②は、江戸《えど》時代の都市、江戸と大阪《おおさか》を描《えが》いたものです。これらを見て、二つの都市の違《ちが》いについて、理由とあわせて説明しなさい。

問四　――線部4に関連して、絵③・④の人々の仕事が、江戸のまちの「持続可能なまちづくり」にどのような役割を果たしていたのかを説明しなさい。

表現Ⅰの問題

（60分）

奈良女子大学附属中等教育学校

［一］　次の文章を読み、後の問いに答えなさい。

芸術家の岡本太郎《おかもとたろう》さんは、一九七〇年に日本の大阪《おおさか》で開催《かいさい》された万国博覧会（万博）の会場に、「太陽の塔《とう》」を作った。きみはこの塔のすがたをみて、何を感じるだろうか？　この作品によって「生命のもつ巨大《きょだい》なエネルギーを表現したかった」と岡本さんは述べている。当時の日本では、1ひとびとの生活や産業のありかたなど、社会全体が劇的な変化を遂《と》げていた。これは生命のもつ巨大なエネルギーの「光」の部分だといえる。しかしその一方で岡本さんは、万博のテーマが「人類の進歩と調和」だったことに反発して、「人類は進歩なんてしていない」とも語っていたという。2この時代は私たちの生存をおびやかす公害など、深刻な社会問題が発生していた。これは巨大なエネルギーのもつ「影《かげ》」の部分だろう。かつて岡本さんは、博物館で縄文《じょうもん》土器を目にした瞬間《しゅんかん》、驚《おどろ》いて「なんだこれは！　これこそが美術品だ！」と叫《さけ》んだそうだが、岡本さんが人類の進歩について考える時の原点には、3縄文人たちがもっていた「生きる力」へのあこが

「太陽の塔」

（万博記念公園ホームページより）

縄文土器

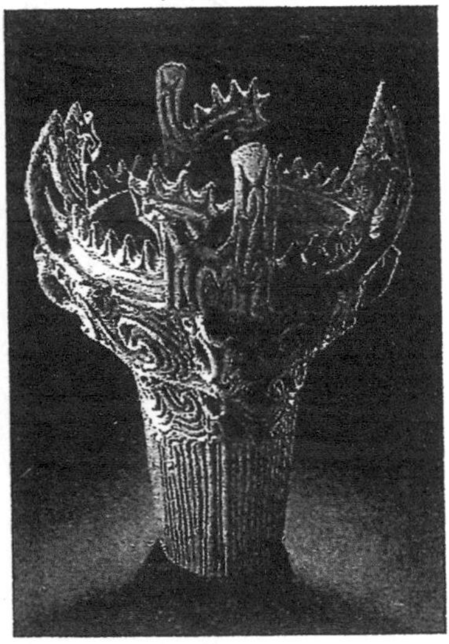

（十日町市博物館ホームページより）

問四　――線部4に関連して、明治政府が出展した伝統工芸品の一つに有田焼《ありたやき》がある。有田焼はどのような歴史的な出来事がきっかけとなって作られるようになったのかを説明しなさい。

問五　――線部5について、夢洲を会場とすることに対して、防災の視点から問題を指摘《してき》する声もある。どのような問題があるか、左の写真も参考にして、一つ取りあげて説明しなさい。

上空から撮影《さつえい》した大阪市沿岸部

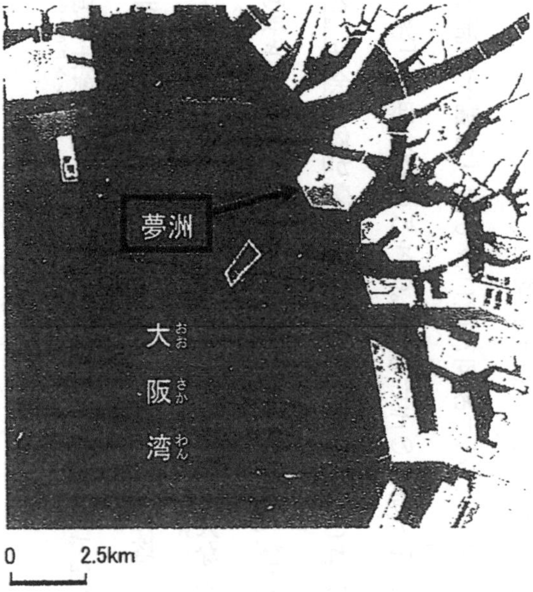

（国土地理院ホームページより作成）

問六　――線部6について、日本が抱《かか》えている問題の一つに、家事・育児にかかわる時間の男女間の格差がある。二〇一六年の内閣府の調査では、6歳《さい》未満の子どもを持つ夫婦の家事・育児にかかわる時間は一日あたり、妻が454分で、夫が83分である。なぜ、日本では家事・育児についての男女間の格差が大きいのか。その理由を一つ答えなさい。

表現Ⅰの問題

［二］次の文章を読んで、後の問いに答えなさい。

そもそも、「自分が何が食べたいか分からない」と感じるのは、本当の意味でお腹《なか》が空《す》いてないからです。現代においては、本物の「飢《う》え」を経験した人は少ないでしょう。ほとんどの人は、子供の時から食事の時間になったからなんとなく食事をしてきたはずです。

飢えて、1ひもじいから食事をしたのではなく、食事の時間になったから、食事をしてきたのです。本当の意味で飢えを経験する前に、2なんとなく食事してきたのです。

それは、私達《たち》がaユタかになったという証明なのですが、bギャクに言えば、「食べたくて食べたくて、必死で食事をした」という経験を失うことなのです。

同じように、「自分が本当にしたいことはなんだろう？」という疑問に、答えがなかなか浮《う》かばないのは、「なんとなく時間を潰《つぶ》してきたから」です。本当の意味で退屈《くつ》することなく、なんとなく時間を潰すことができたから、「自分は本当は何がしたいんだろう？」と疑問に思うことがなかったのです。

当然、自分の本当にしたいことが分からなければ、「自分は何を幸福だと思うのだろう？」ということも分からないのです。

偶《ぐう》然、「飢え」を経験して、食事を鮮烈《せんれつ》にイメージすることがあります。

例えば、山で一日遭《そう》難して迷ったとか、風邪《かぜ》をひいて三日寝《ね》込んだとか、全く金がなくなって食べ物が買えなかったとか、台風で孤《こ》立して食料が切れたとかすると、「自分は何が食べたいのか」ということが明確になってきます。

空腹のあまり、妄《もう》想が止められなくなり、食べたいものをはっきりとイメージすることになります。そして、ついに食べ物が手に入った時、おにぎりひとつの美味《おい》しさに感動するのです。あなたはそんな経験はないですか？

1「自分は本当は何がしたいのか」という質問に対しても、同じことをしてみます。つまり、意識的に「飢ええて」みてください。

（『幸福のヒント』鴻上尚史《こうかみしょうじ》　より　一部表記を変えたところがある）

（注）鮮烈…あざやかではっきりしていること
妄想…ありえないことをあれこれ想像すること
遮断…さえぎってとめること
日がな一日…一日中
魅了…人の心をすっかり引きつけること
賄い付きの下宿…食事付きの借り部屋
浪人…入学試験に不合格となり、次の年の試験のために勉強すること

問一　━━線部a～eを漢字に直しなさい。

問二　━━線部1「ひもじいから食事をした」、━━線部2「なんとなく食事してきた」について

①「ひもじいから食事」をするとはどういうことですか。文中のことばを利用して二十字以内で書きなさい。

②「なんとなく食事」するとはどういうことですか。文中のことばを利用して二十字以内で書きなさい。

問三　━━線部3「潜水艦が、突然、海面に浮上してきたように」について

①「潜水艦」とは、何を指していますか。文中から三十五字以内でぬき出しなさい。

②「海面に浮上」するとは、どういうことですか。文中のことばを利用して、十字程度で書きなさい。

表現Ⅰの問題

問四　〜〜〜線部1と〜〜〜線部2について

①　〜〜〜線部1について、筆者は「自分は本当は何がしたいのか」という質問に対して、同じことをしてみたら、どのような結果が得られるかを述べています。筆者が述べている内容を左の表のように整理しました。空らんA・B・Cにあてはまる表現を文中のことばを利用して書きなさい。ただし、表中の字数の指示に従うこと。

質問	同じこと	結果
A【十五字以内】	飢えること	自分は何が食べたいのかが明確になる
自分は本当は何がしたいのか	B【十字以内】	C【三十字以内】

②　〜〜〜線部2「彼は、ずっと寝ていました」とありますが、「彼」にとって、「寝ること」はどのような意味があったと筆者は考えていますか。本文全体の内容をふまえて、説明しなさい。

先生　昨日の授業では、「欲求」について勉強しましたね。覚えていますか？

子どもA　はい。人間が、「ほしがったり」、「求めたり」、「願ったり」する気持ちを「欲求」と言います。

子どもB　ぼくは「食べたい」とか「飲みたい」といった「欲求」は、食いしんぼうみたいであまりいいイメージではなかったんですが、マズローさんの考え方を知って、そうでもないんだなと思いました。

子どもA　そうだよね。マズローさんが考えたピラミッドみたいな図はそうなっているよね。「食べたい」とか「飲みたい」という「欲求」が満たされたら、「安全に暮らしたい」という「安全の欲求」が出てきて、というふうに次の段階の欲求があらわれてくるという具合になっている。

子どもB　あ、そうか！　「食べたい」とか「飲みたい」といった「欲求」が満たされたら、「安全に暮らしたい」とかの欲求が出てきて、安全に暮らせるようになるとなかまがほしくなって、なかまができたら……。

子どもA　「欲求」を満たすことが、安心できることやなかまができること、自分らしく生きることとかができるようになることにつながる。「欲求」が満たされると、どんどん幸せになっていくんだ！

先生　無理に「欲求」をおさえるのではなく、きちんと満たしていくことで、人間は自分らしく生きられるようになったり、本当にしたいことがわかるようになって、幸福になれるということですね。

表現Ⅱの問題

計算問題では，答えだけでなく，計算式や途《と》中の計算も解答用紙に書きなさい。
必要な場合は，単位をつけて答えなさい。
円周率を用いる場合は，3.14としなさい。

（60分）

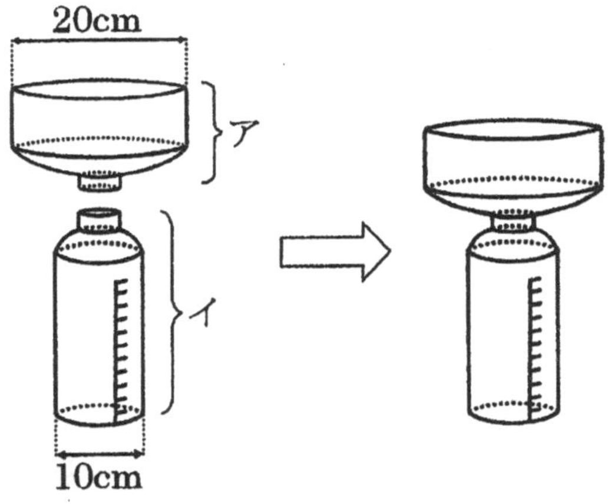

［１］雨がどのくらい降ったのかを測定したいと考え，右図のような「雨量計」を作りました。作った雨量計を雨の降る日に<u>学校の屋外に設置し</u>，1時間後にたまった水の量を測定しました。
なお，雨量とは，一定時間に地上に降った雨が，どこにも流れていかずにそのままたまった場合の水の深さをミリメートル（mm）で表したものです。

（１）文章中の下線部について，降った雨の量を正しく測定するためには，設置場所を選ぶときにどのような点に注意するとよいですか。2つ答えなさい。

（２）作った雨量計を用いて雨量を測定したところ，イの部分にたまった水の高さは40mmでした。この場所の1時間の雨量は何mmですか。考え方とともに説明しなさい。

（３）この雨量計は，雨量を測りやすくするために，図のアとイのように直径が異なる2つの部品を組み合わせています。このような組み合わせで測定することには，どのような利点がありますか。くわしく説明しなさい。

表現Ⅱの問題

［３］白い画用紙で作った1辺が1cmの立方体27個を，図1のように積み重ねて立方体を作ります。イの立方体はアから数えて横に3番目，縦に手前から1番目，下から2段目にあたりますから，これを（3, 1, 2）とかっこ書きで表すと約束します。また，ABCDの面を赤色，BEFCの面を青色，CFGDの面を黄色にぬりわけることにします。ただし，他の面は白のままにしておきます。

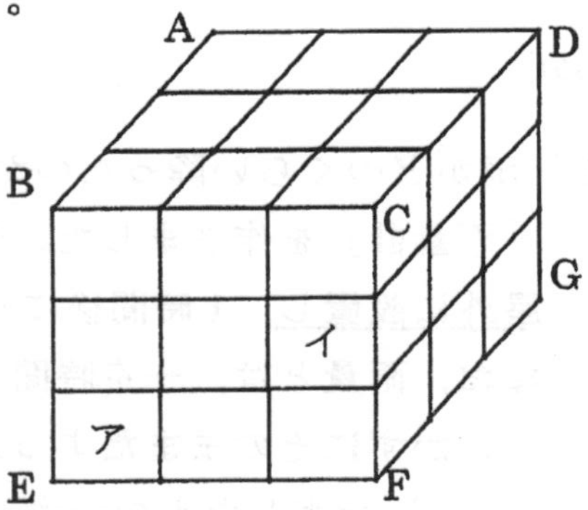

(図 1)

（１）27個の立方体のうちで，どの面も白であるものは何個ありますか。

（２）（3, 2, 3）で表される立方体の展開図を，図2のように色のついた面を表《おもて》にしてかきなさい。

（３）図2の立方体の展開図は，図1のどの位置にあったものですか。かっこ書きの表し方で答えなさい。もしあてはまる位置がない場合は，「ない」と答え，その理由を説明しなさい。

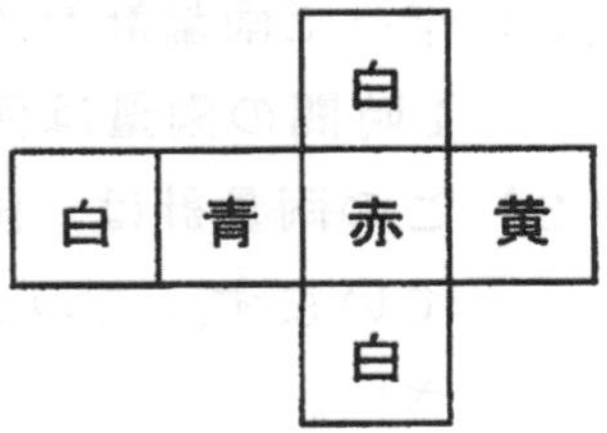

(図 2)

表現Ⅱの問題

［5］長方形 ABCD があります。点 P は頂点 A から A→B→C→D の順に辺上を頂点 D まで，点 Q は頂点 D から D→C→B→A の順に辺上を頂点 A まで，それぞれ毎秒 2cm の速さで動きます。下のグラフは P と Q が同時に動き出してからの時間と，三角形 APQ の面積の関係を，途中まで表したものです。

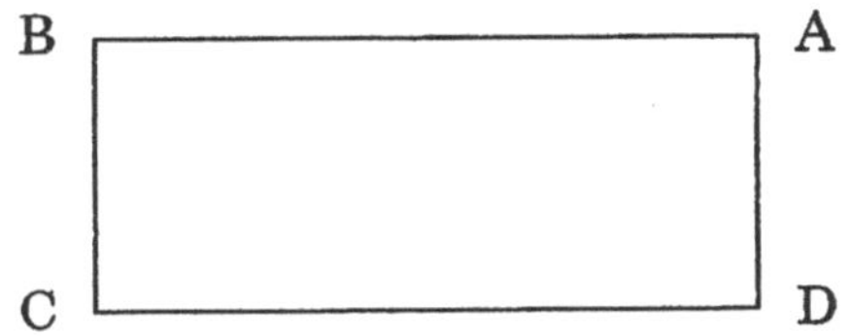

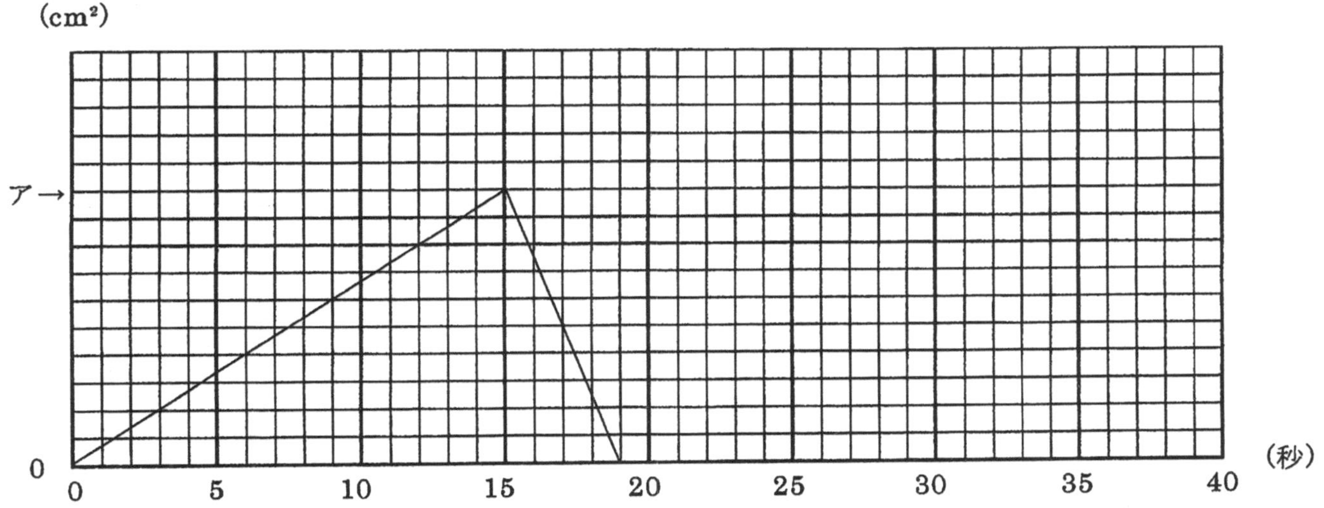

（1）グラフを完成させなさい。

受検番号

平成31年度　入学適性検査

表現Ｉの解答用紙

（２枚中の１）

※100点満点
（配点非公表）

［一］

問一

問二

名前

都道府県名

問三

問四 ①

A

B

C

②

問五

（このらんに書いてはいけません）

	A
	B
	C
	D
	E
	F
	G
	H
	I
	J

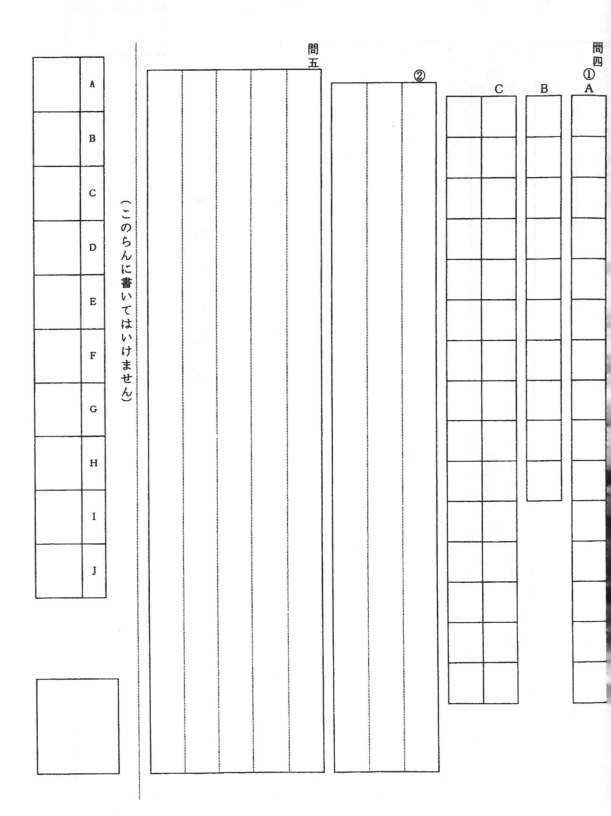

平成31年度　入学適性検査

受検番号			

（　2枚中の1　）

※100点満点
（配点非公表）

表現Ⅱの解答用紙

［1］	（1）	
	（2）	考え方 答え＿＿＿＿＿＿mm
	（3）	

この欄《らん》に書いてはいけません

A	
B	
C	

平成31年度　入学適性検査

受検番号			

（　2枚中の2　）

表現Ⅱの解答用紙

この欄《らん》に書いては
いけません

［3］

（1）式または説明

答え ＿＿＿＿＿＿＿＿

（2）

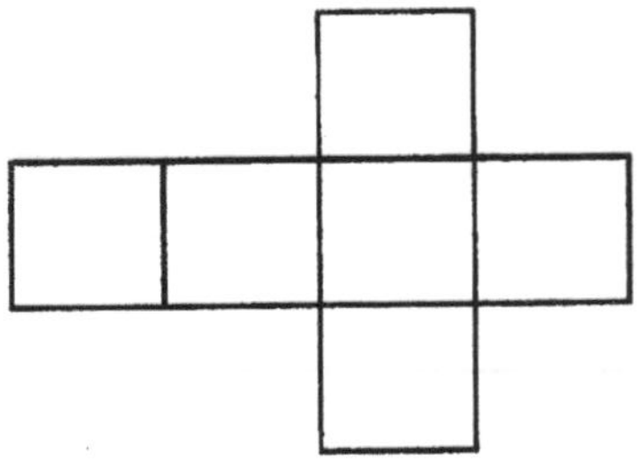

（3）説明

答え ＿＿＿＿＿＿＿＿

［4］

（1）式または説明

F	
G	
H	

表現Ⅱの解答用紙

この欄《らん》に書いては
いけません

［5］

（1）

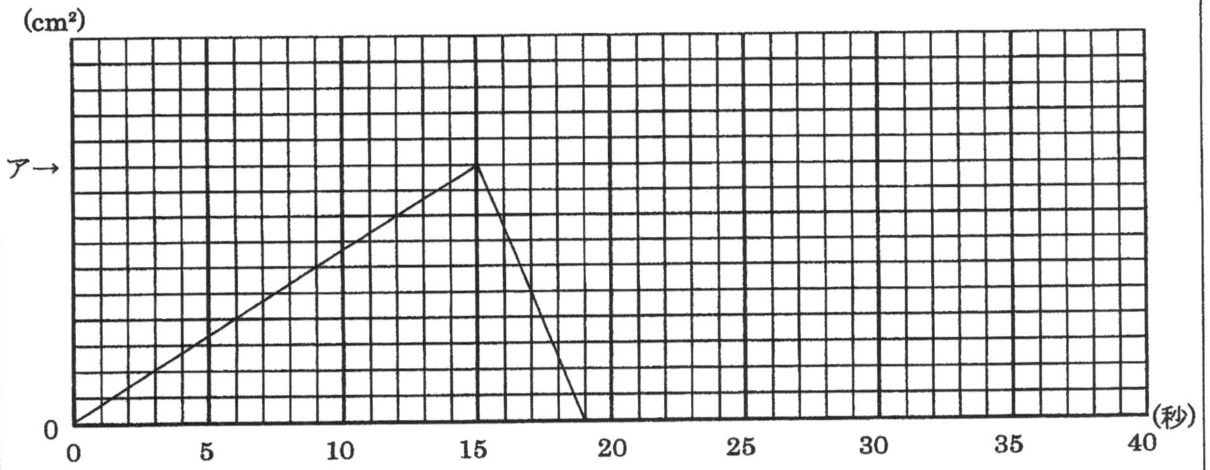

（2）式または説明

K	
L	
M	

	（3）式または説明 答え ＿＿＿＿＿＿
［6］	（1） 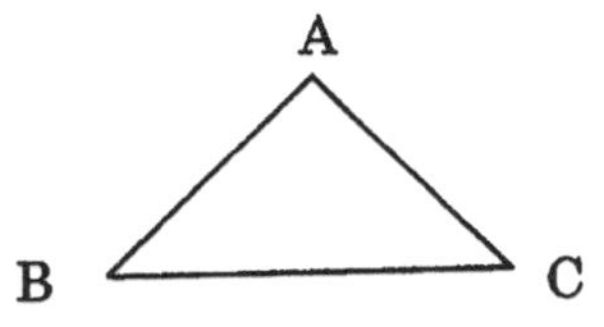
	（2）式または説明 答え ＿＿＿＿＿＿

N	
O	

答え

(2) 式または説明

答え

I	
J	

[2]	(1)	
	(2)	

D	
E	

受検番号

平成31年度　入学適性検査　（2枚中の2）

表現Ⅰの解答用紙

［二］

問一

a

b

c

d

e

問二

①

②

問三

①

問四

問五

問六

（このらんに書いてはいけません）

A	
B	
C	
D	
E	
F	

（２）グラフ中のアの値を求めなさい。

（３）三角形 APQ の面積が，長方形 ABCD の面積の $\frac{1}{4}$ 以下になるのは，合計何秒間ですか。

［６］BC の長さが 2cm の直角二等辺三角形 ABC があります。最初にあった位置を図のようにします。三角形 ABC は，点 A を中心に 1 回転し，そのあとで，点 B を中心に 1 回転します。

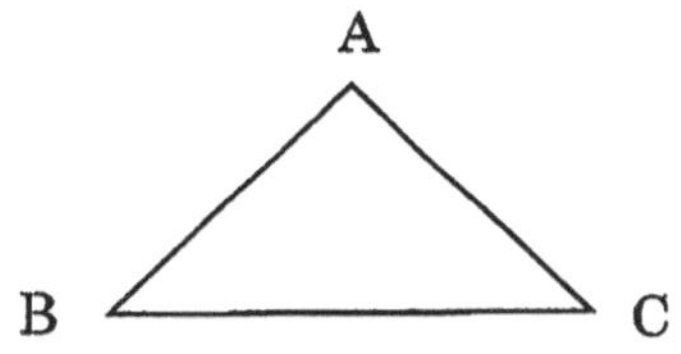

（１）頂点 C が動いてできる図形を，コンパスを用いて解答用紙に作図しなさい。

（２）三角形 ABC が通った部分の面積を求めなさい。説明のために（１）の図を用いてもかまいません。

［４］A 駅近くに住む太郎《ろう》君は，通学方法について次の２通りを考えています。ただし，行きと帰りの方法は同じとします。

①A 駅から学校へ行く途中の B 駅までは電車を利用し，そのあと徒歩で通学する

②A 駅から学校へ行く途中の B 駅までは電車を利用し，そのあと自転車を利用する

それぞれの料金は，以下の通りです。

	A 駅 ↔ B 駅（電車）	B 駅の駐《ちゅう》輪場
毎日払《はら》う場合	片道 190 円	一日 150 円
定期券（1 か月）	5500 円	1740 円

（注）駐輪場…自転車を有料で預かってくれるところ

（１）①の方法によって，1 か月のうち 14 日通学する場合，定期券を購《こう》入する方が得ですか。

（２）②の方法のとき，次の（ア）～（ウ）の中で，（ア）がいちばん安くなるのは，1 か月のうち何日通学する場合ですか。すべて答えなさい。

（ア）駐輪場の定期券を購入し，電車の定期券を購入しない場合

（イ）電車と駐輪場の定期券を両方とも購入する場合

（ウ）電車と駐輪場の定期券を両方とも購入しない場合

［２］下の図のＡ～Ｅの液は，食塩水，石灰水，うすい塩酸，アンモニア水の４つの水よう液と水のいずれかです。これらの液は無色で，見た目では区別がつきません。そこで，これらの液Ａ～Ｅの違《ちが》いを調べるために，次の実験を行いました。ただし，５つのビーカーにはすべて違う液が入っています。

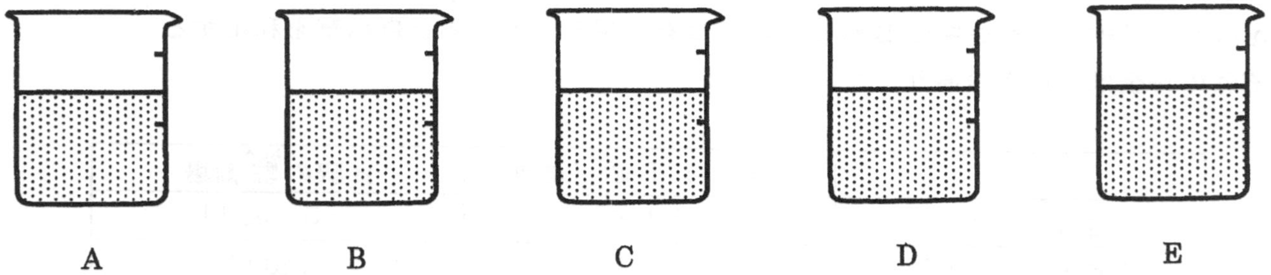

Ａ～Ｅの液をそれぞれ試験管に注ぎ，小さな鉄板を入れて様子を観察すると，Ａの液では鉄の表面から泡《あわ》が出て，やがて小さな鉄板はとけてなくなった。他の液は，変化がなかった。さらに，Ａの液を蒸発させると固体が出てきた。

（１）実験でＡの液を蒸発させて出てきた固体が，もとの鉄と同じものかどうか調べたいと思います。どのような方法がありますか。１つ答えなさい。

（２）Ｂ～Ｅの液が何かを調べたいと思います。そのためにはどのような実験を行えばよいですか。その方法と予想される結果を答えなさい。

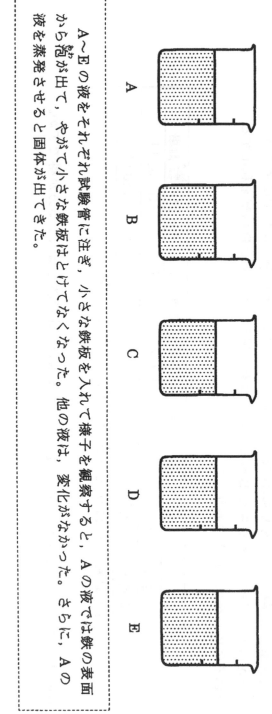

表現Ⅰの問題

問五　次の図はマズローというアメリカの心理学者が考えた「欲求」の5段階ピラミッドです。この図をもとに先生と子どもたちが対話をしています。先生と子どもたちとの対話と、本文の筆者の主張との「ちがい」をわかりやすく説明しなさい。

図：マズローの「欲求」の5段階ピラミッド

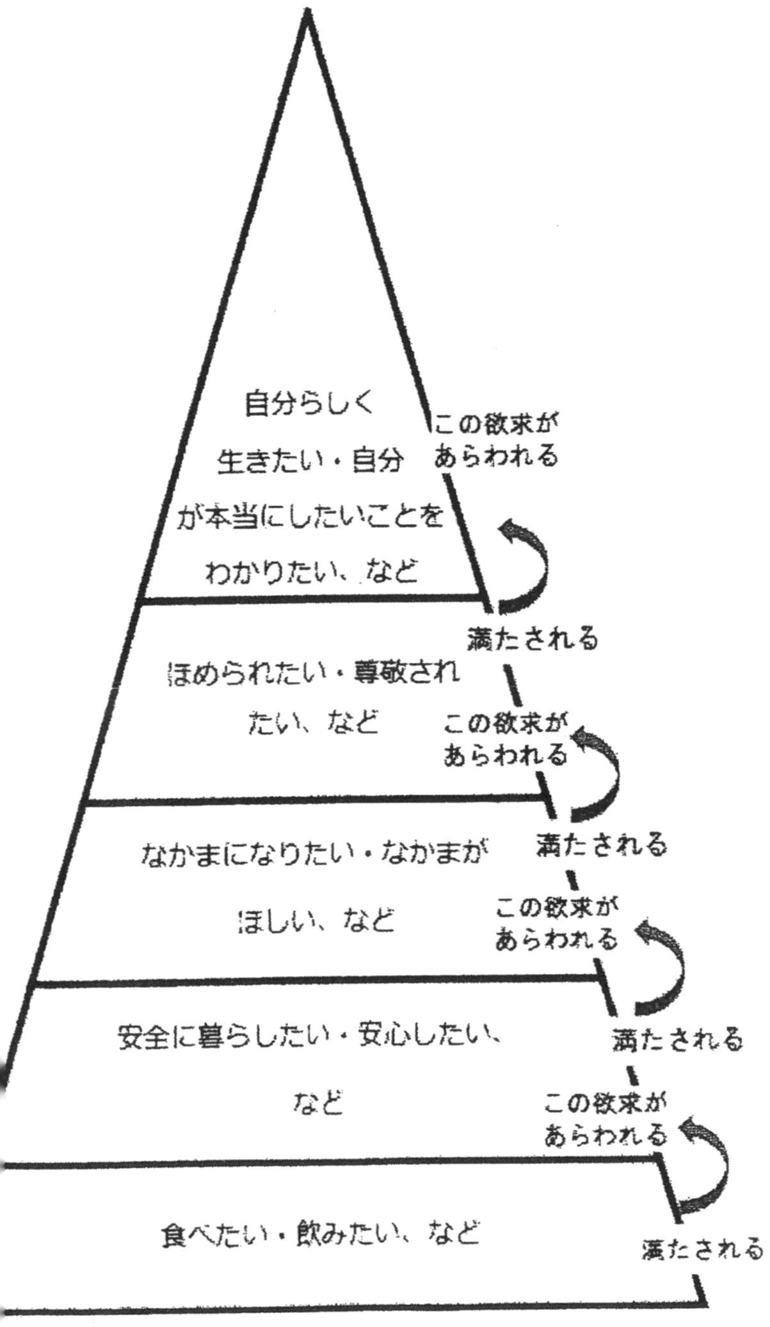

（一部表記を変えたところがある）

2019(H31) 奈良女子大学附属中等教育学校
K 教英出版

表現Ⅰの問題

い屋上とか、とにかく、情報を拒《きょ》否して、完全に退屈する場所で時間を過ごすのです。
一日でも二日でも、情報を遮断し、ちゃんと「飢える」ことができれば、あなたは何かを感じるはずです。

大学一年の時、僕は早稲田《わせだ》に下宿していました。三畳《じょう》しかない小さな部屋が集まっている賄《まかな》い付きの下宿でした。
四月は、一階にある食堂で全員で食事して、学校に通いました。が、五月になると、だんだんと授業を欠席しがちになりました。一人、まったく授業にいかず、ずっと、部屋で寝ている男がいました。とにかく、いつ、部屋を覗《のぞ》いても寝ていました。たまに起きているなと思ったら、フトンに入ったまま、テレビを見ていました。
彼《かれ》の気持ちもなんとなく分かりました。彼は、一年間浪《ろう》人したのに、不本意な学部に入っていました。四月、授業に出たけれど、大人数の大教室で、大学教授が自分の書いた教科書をマイクで読み上げるだけの授業ばかりで、「こんな授業を受けるために、必死で浪人して勉強したんじゃない」と失望していたのです。
2彼は、ずっと寝ていました。夏になって大学が休みになっても、変わらず、寝ていました。秋になって大学が始まっても寝ていました。冬になって、僕が正月のために帰省する時も寝ていました。dコキョウから戻《もど》ってきて、部屋を覗いても、やっぱり寝ていました。
そして、次の年の春になった時、彼は突然「あー、よく寝た」と言いながら、起きてきたのです。そして、四月から一年遅《おく》れて、真面目《まじめ》に授業に出るようになりました。
彼は一年、寝る必要があったんだと、僕は思いました。
寝て、自分にとって大学とは何か？　大学に通う意味とは何か？　自分の未来とは何か？　自分の可能性とは何か？　を考える必要があったのだと思います。
僕は、今でも、彼が「あー、よく寝た」と言いながら、食堂に現れた時の姿を思い出します。充《じゅう》実した、そして納《なっ》得したeカオをしていました。彼が、もりもりと食事する風景を、その時、初めて見たのです。

画や友達や、あらゆる「あなたの退屈を紛《まぎ》らわせてくれるもの」から離《はな》れるのです。

保証してもいいのですが、あなたがそういう場所に十日以上いられたら、そして、ちゃんと情報を遮《しゃ》断して退屈できたら、あなたは「自分は本当は何がしたいのか？」という手がかりを手に入れられるはずです。

これは、『孤独と不安のレッスン』（だいわ文庫）に書いたことですが、Ｃムカシ、僕《ぼく》は南の島に二週間ほどボーッといたことがありました。今と違《ちが》って、携帯電話もインターネットもなく、泊《と》まった民宿にはテレビもありませんでした。

南の島の強烈な日差しに、だんだんと、持ってきた小説も読む気が失《う》せて、ただ、日がな一日、ボーッとしていました。

そんな日が一週間ほど続いた時、突《とつ》然、自分はあの仕事をやりたくないんだ、自分はあの人が嫌《きら》いなんだという思いが湧《わ》き上がってきたのです。

それは自分でも衝撃《しょうげき》でした。まるで、深海に潜《ひそ》んでいた３潜水艦《せんすいかん》が、突然、海面に浮《ふ》上してきたように、その考えが現れたのです。僕は、自分がそんなことを考えているなんて、夢にも思っていませんでした。しかし、意識に現れてしまうと、「自分はそう思っていた」と確信できたのです。

都会生活では、決して言葉にならなかった思いが、南の島の時間の中ではっきりと退屈したことでようやく言葉になったのです。

働いていて、とてもそんな時間が取れないという人でも、週末の二日間、意識的に情報を遮断して、飢えてみるのです。

部屋の中に一人いると、つい、いろんなものに手を出してしまいます。気がつくと、退屈が紛れている、なんてことがあるでしょう。

外出して、例えば、海をボーッと一日中、見ている、なんてのがいいと思います。ただし、見事な自然を前にしてしまうと、その風景に魅了《みりょう》されて、思わず、退屈が紛れてしまいます。二週間ぐらい南の島にいるのなら、どんな素《す》敵な風景もやがて日常になって退屈になりますから大丈夫《だいじょうぶ》ですが、週末しか時間がないのに素敵な風景の前に立ってしまうと、「自然を味わう」という別の行動になってしまいます。

そういう時は、なるべく中途半端な自然の中で過ごしましょう。近くの野原とか、平凡《ぼん》な公園とか、誰《だれ》もいな

問一　――線部1に関連して、左の表は「日本の産業別労働者数の変化」を、グラフは「大阪府の人口の変化」を示している。
　これらの資料をみて、日本の社会がどのように変化したのかを説明しなさい。

日本の産業別労働者数の変化

	1950年	1970年
農林水産業	1,748	1,015
工業	784	1,790
商業など	1,067	2,451

（万人）

（総務省統計局ホームページの資料より作成）

大阪府の人口の変化

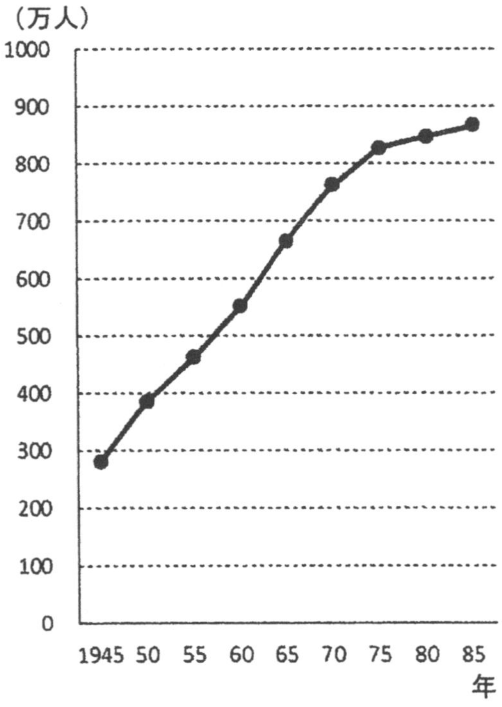

（大阪府ホームページの資料より作成）

問二　――線部2について、四大公害病が知られている。そのうちの一つをとりあげて、公害病の名前とそれが発生した地域の
　ある都道府県名をそれぞれ答えなさい。

問三　――線部3について、縄文人たちの「生きる力」とは何だろうか。彼《かれ》らがどのような道具や技術を用いて、どのような生

のあゆみにおける「光と影」の両面を一つのすがたの中に表現した作品だといえるだろう。

万博の始まりの頃《ころ》に目をむけてみよう。一八五一年、世界で初めて開かれたロンドン万博には、三十四か国が参加した。これは世界に先がけて産業革命を進めていたイギリスの圧倒《あっとう》的な工業力を示すものであった。それから二〇年余り後の一八七三年に開かれたウィーン万博では、明治政府が日本国として初めて、数々の物品を出展し、海外から大きな関心を集めたと伝えられている。当時、欧米《おうべい》から技術者を招いて工業化を進めていた日本政府は、どのような物品を出展するかを議論した末、工業製品ではなく、4伝統工芸品などを中心にしようと決めたそうだ。

二〇二五年の万博は、再び大阪で開催されることが決まった。5大阪市此花区《このはなく》に位置する人工島の夢洲《ゆめしま》に会場を建設するという。大阪万博のテーマの一つに「持続可能な開発目標の達成」があげられている。現代を生きるわたしたちも、一九七〇年の大阪万博の頃とは違《ちが》った「光と影」の中を生きている。持続可能な社会を実現するためには、地球温暖化や、さまざまな6格差など、「影」の部分の課題を解決するための取り組みが欠かせない。右で述べたように、何をもって人類の進歩と考えるのかはとても難しいが、この万博では、わたしたちの暮らしや文明の発展の仕方についての、理想のすがたが提案されることを期待したい。